今どきの1年生まるごと引き受けます

入門期からの学級づくり，授業，
保護者対応，これ1冊でOK

多賀一郎 著

カエルさんに
なるよ

ピョン

ピョン

黎明書房

はじめに

　僕は，１年生を６回，担任しました。
　初めて１年生を受け持ったときは，何をしていいのか分からず，手探り状態でした。
　言葉がまず，通じないのです。難しい言葉は，全く通じませんでした。
　高学年では，子どもの方が先生の言葉の足りない部分を補って考えて行動してくれました。でも，１年生は，そうはいきません。言葉通りにしか動かないから，言葉が的確でないと，混乱するのです。
　さらに，国語なのに，教科書の初めの方には絵しか書いてありません。何を教えればよいのかと，途方にくれました。
　「先生，お母さんがね，となりのクラスのベテランの女の先生の方がよかったって，言ってたよ。」
等と，きらきら目を輝かせて言ってくる子どもに，何と言ってよいのか，分かりませんでした。
　他の学年ならば，どこかにとっかかりとなるものがあるのですが，１年生はそれがないのです。全くの白紙に近い１年生には，１年生だけのアプローチの仕方があるのだと，思い知らされました。

　しかし，１年生での経験を積み重ねていくうちに，１年生というものが，全ての学年への最も基礎基本の学年なのだと，分かってきました。僕は，30年以上も１つの学校にいたので，学習面でも，生活面でも，１年生で教えたことが，その後の子どもたちの学校生活に大きく影響しているのだということを，その後の子どもたちの成長を見ていて，確か

めることができました。

　今，1年生から学級崩壊を起こすところもあります。昔の1年生は，入学当初から
　「先生の話を聞かないといけない。」
という強い思いがありました。おうちの方も，
　「ちゃんと先生の話を聞いてきなさい。」
と，送り出してくださいました。
　今は，始めからそういう気持ちを持っていない子どもたちもかなりの数，存在します。
　先生が考えて手立てを講じないと，学級が崩壊してしまうことがあるのです。
　「小1プロブレム」(簡単に言うと，今どきの1年生は，始めから問題が多いということ)という言葉が，当たり前のことになってきています。でも，「そんなものは乗り越えられるんですよ」と，1年生を受け持つ先生たちに伝えたいのです。

　1年生は担任を経験しないと分からないことが，山ほどあります。僕の経験がこれから1年生を担任していく先生方の一助となれたらいいなあ，という思いで「1年生まるごと」という本を書きました。

　2014年6月14日

　　　　　　　　　　　　　　　　　　　　　多賀一郎

も　く　じ

はじめに　1

第1章　今どきの1年生って，どういうもの？
－「小1プロブレム」が問題化－

1　「小1プロブレム」って何？　7
　　「自律」と「躾」を同時に考える　8
2　入学前の子どもたち　9
　　期待と不安　9
　　入学までに身に付けさせたい生活力　10
3　入門期は，特別な時期　12
　　鉄は，熱いうちに打て　12
　　入門期に教えなばならないこと　13
4　1年生の1年間の持つ意義　14
　　初めの第一歩は，長く影響する　14
　　挨拶ができる　14
　　宿題を自分から取り組む　16
　　掃除の価値づけ　16
5　保護者教育は，この1年にかかっている　18
　　最初の保護者会　18
　　学期末の保護者会　22
　　本を読むと言うこと　26

夏の学習について　28

　　　保護者会のネタ　29

　　　参観日　31

6　楽しさを演出しよう　32

7　「なぜするのか」－1年生だからこそのプレゼンテーションを－　34

第2章　入門期は，離陸のための滑走期
　　　　－初日からの3ヵ月間－

1　入門期の子どもたちの特徴　37

2　初日からの1週間でなすべきこと　38

　　　登下校の安定　38

　　　学校のルールの定着　39

　　　授業の基本ルール　39

3　入門期の国語　41

　　　基本的な考え方　41

　　　具体的指導例　42

4　入門期の算数　55

　　　1年生は，目に見えるものしか，分からない　55

　　　計算で頭に入れておくこと　59

　　　先取りに惑わされないこと　61

5　入門期の体育　62

6　入門期の生活指導　66

　　　学校は，安全に安心して暮らすところ　66

　　　さっさと寄り道しないで歩く　66

　　　知らない人に声をかけられたときの対応の仕方　67

　　　　帰りにいつもの下校路ではないとき　68
　　　　学校での遊び方も教える　69
　　　　トラブルは前もって回避　69
　7　入門期の道徳　70
　　　　絵本は大きな力になる　72
　8　夏休み前にしておくこと　72

第3章　2学期からの学級づくり

1　夏休みに成長する子どもたち　78
2　長い2学期の乗り切り方　79
3　本格的な学級づくりへ　81
4　リセットすべきこと，継続すべきこと　84
5　行事を成長の糧にする　87
　　運動会　87
　　文化的行事　89

第4章　2学期からの授業づくり

1　国語の基礎体力をつくる　92
　　音読は全ての学習の基本　92
2　書くことの喜びを感じさせる　93
　　ぜひ，書写を取り入れましょう　93
3　算数の授業で考えておくこと　94
　　計算の徹底反復　94

4 書く授業　96
　　国語「じゅんじょよく　かこう」　96
5 冬休みのくらし　97

第5章　3学期の1年生

1 基礎学力の確認と定着　102
2 話し合いの活動を取り入れる　104
3 徐々に子ども中心へ　105
4 3学期の授業例　106
5 テイク・オフへのアドバイス　109

第6章　学級教育に絵本を活用する

1 読み聞かせの時間を確保する　111
2 おうちの方にも　112
3 1年生　絵本歳時記（11ヵ月に選ぶ絵本）　114

おわりに　125

資料①　漢字の総復習　127
資料②　「漢字ビンゴ」　129
資料③　「どうぶつの赤ちゃん」ワークシート　130

参考文献　131

第1章
今どきの1年生って，どういうもの？
―「小1プロブレム」が問題化―

1 「小1プロブレム」って何？

　この言葉が使われるようになったのは，今から20年くらい前からでしょうか。

> - 集団行動がとれない
> - 授業中に座っていられない
> - 授業妨害，おしゃべりが止まらない
> - 先生無視，先生の言うことを聞かない

　全国で，7割近い1年生が4月にこうした状態にあると言います。これを「小1プロブレム」と呼びます。
　これは，日本の学校に特有なものだと言われます。
　原因は，子どもと保護者の変化，幼稚園教育の変化など，さまざまに考えられますが，ともかく
　「宇宙人が学校に入ってくるようだ。」
と，ベテランの先生たちからも，言われたものです。
　それまでの1年生とは全く違う子どもたちの姿に学校はとまどい，迷走しました。

今は，1年生の4月だけ2人担任にして，落ち着いたら1人にしていくという方法をとっている学校もあるようですが，まだまだ学校として十分に対応できている状態ではありません。

「自律」と「躾」を同時に考える
　しかし，教師は，どのような学校の状況においても，それに応じて教育していくしかないのです。今どきの子どもたちの実情に合わせた指導の仕方を考えていくのです。
　「小1プロブレム」に対応するキーワードは，**「自律」**と**「躾」**にあると考えています。今どきの子どもたちは，基本的な生活態度を躾けられていない子どもがたくさんいます。
　挨拶ができない。身の回りの整理整頓が全くできない。話が聞けない。
　もっと言うと，食事中に食べ物をこぼしても，そのまま机の上に放置してすませるというような子どもも，いるのです。
　昔は，ご家庭で躾けられていたようなことが全くできないので，驚くことも多いです。したがって，子どもたちに躾けなければならないことがたくさんあって，それはそれできちんと指導していくしかないのです。けれども，同時に1人1人の子どもが自律していくような指導にしないと，いつまでたっても，**「先生に言われたらする」**という状態から抜け出せません。

　子どもをどなりつけてきちんとさせるという指導では，いつまでたっても，自律は育ちません。
　躾をしながらも，子どもに考えさせ，自分で判断するという経験も積ませていかないと，いけないのです。

2　入学前の子どもたち

期待と不安

「小1プロブレム」のような今どきの問題は確かにありますが、入学前の1年生の心情というものは、それほど変わってきているわけではありません。

やはり、学校という新天地へ行くことに対する期待と不安が入り混じっている状態なのです。多くの子どもたちは、期待がほとんどで

「　年生になったら、ともだち100人できるかな〜♪」

という歌のような心境なのです。

不安は、保護者の方に強くあります。特に最近の保護者には、いろいろと考えて不安になる方がたくさんいらっしゃいます。

・うちの子どもがいじめられたりしないだろうか？

・ちゃんと勉強についていけるのかな？

・登下校は安全なのかなあ？

・給食で嫌いなものが出たら、どうしよう？

そんな不安を持っている方が、たくさんいらっしゃいます。それが子どもたちに伝わって、子どもたちも漠然とした不安を抱くことがあるようです。

ですから、保護者の不安を少しでも取り除くことが、子どもたちの不安を減らすための一番の手立てだと思います。

保護者の不安を減らすためには、具体的に子どものできることを確認していくのが1つの方法です。できれば、就学前に次のようなチェックシートを使って、子どもたちに練習させるように指導できれば一番いいですね。

入学までに身に付けさせたい生活力

『子どもの自立と生活力』(丸岡玲子著,大月書店,1990年)を参考にし,今の学校の現状に照らして書き直したものです。

＊全部できていないとだめ,ということではありません。
＊自分でできるということがポイントです。
＊できていれば右の空欄に○を付けてください。

	項　目	
朝	朝起きたら,パジャマをぬいで,服を着る。	
	歯を磨いて顔を洗ってタオルでふく。ブラシで髪をとかす。	
食について	食事のとき「いただきます」「ごちそうさま」が言える。	
	正しい箸の持ち方ができる。箸で食べることができる。	
	食べるとき箸を持たない手は食器を持つか,食器に手を添える。	
	皿をなめたり,音をたてたりしないように食べる。	
	食事に時間がかかりすぎない。最低20分。	
	食べ物をこぼしたら,自分で拾ったり,ぬれたらふいたりできる。	
所作・片づけ	遊び道具を使った後は,元通り片づける。	
	紙を2つに折りたためる。	
	おやつなどで食べた菓子類の紙やからはゴミ箱に入れる。	
	ハサミが使える。	

第1章　今どきの1年生って，どういうもの？

衣服の着脱など	靴の左右を知り，はいたりぬいだりできる。	
	カサをさしたりとじたりできる。	
	帽子をかぶったりぬいだり，ぬいだ後の片づけができる。	
	衣服の着脱，靴下のはき方，ぬぎ方ができ，汚れたものは洗濯籠に入れる。	
入浴3年までに	入浴のとき，体や足をきれいに洗ってから湯に入る。	
	体を洗うことができる。	
	風呂から出るとき，タオルで体をふいて出る。	
トイレの始末	トイレに入るときにノックする。	
	女の子は，またいだらひざをとじて小便が広がらないようにする。	
	終わったら，そなえつけの紙でおしっこの方からおしりの方へふく。	
	男の子は便器の前にくっついて小便をする。	
	男の子は，おちんちんをふってからしまえる。	
人間関係	きちんとあいさつができる。……家族から「おはようございます」	
	自分から遊ぶことができる。	
	泣いたりわめいたりする以外に，自己主張することができる。	
	寝るときに「おやすみなさい」と言って寝る。	

3　入門期は，特別な時期

鉄は，熱いうちに打て

　入門期とは，1年生が入学してから学校に慣れるまでの時期を言います。学習面でも生活面でも，さまざまなハードルをきちんとクリアさせて，学校生活をスムースにいかせるためのものです。教科書も，そのことをふまえて作られています。

　主に，6月ぐらいまでの時期のことを言いますが，1学期間を入門期ととらえて考える方が，じっくりとていねいに指導できると考えます。

　この時期の子どもたちは，人生で最もやる気があると言っても過言ではありません。どんなことでもできるぞという前向きの気持ちに満ちています。まさしく，真っ赤に焼けた鉄の状態ですから，打ちようで，いかようにも変わります。

　また，1年生とは言っても，個人差がとても激しいことは，頭においておかなければなりません。

　最近は塾や幼稚園で文字を教えているところもありますが，一方で全く読み書きのできない子どももいるのです。

● 「泣いて帰ってきた娘」 ●

　僕の娘が1年生の時，最初の授業の日に泣きながら帰ってきました。他の子どもたちは自分の名前が書けるのに，自分だけはできないというのです。

　僕たち夫婦は，学習指導要領にのっとり，文字は1年生になってから教わるものだと決めていましたから，結果的に悪いことをしたなあと思うのです。

　全員が文字を知っている，みんなが名前を書ける，という前提で臨まないでほしいなと，親として，思います。

第 1 章　今どきの 1 年生って，どういうもの？

　黒板に書いた字を読ませることが，読めない子どもにとって苦痛になることもあると，考えましょう。

　そして，一番格差の大きいのが，実は「聞くこと」です。ご家庭でお母さんが子どもの話をじっくりと聞いてくださっていたら，子どもはまちがいなく，じっくりと他人の言葉に耳を傾けます。忙しくて放ったらかしにされていた子どもは，落ち着いて聞くとはどういうことなのか，分かりません。
　子どもたちの 1 人 1 人が，どの程度聞き取ることができているのかを，細かく観察して，手立てを考えていきましょう。
　聞くことの指導についての詳細は，拙著『全員を聞く子どもにする教室の作り方』(黎明書房)をご覧ください。

入門期に教えなければならないこと
　まずは，学校生活の全てです。
　○安全と危険
　　　・安全な登下校の仕方
　　　・校内での安全なくらし方
　○学校という所の基本的なタイムスケジュール
　○ロッカーや机の整理整頓の仕方
　○清掃などの活動のあり方
　○学習の喜びと習慣づけ
　○さまざまな関係づくり
　　　・先生と生徒との関係
　　　・友だちとの関係
　具体的には第 2 章以下で詳しく述べますが，これらの 1 つ 1 つをていねいにできるまで教えていくのが，入門期の基本です。

4　1年生の1年間の持つ意義

初めの第一歩は，長く影響する

　1年生の1年間は，ただ学校に慣れるというだけのことではありません。1年生の1年間でしっかりと指導を受けた子どもたちは，高学年になっても，良質の生活態度や学習習慣を身に付けていることが多いものです。

　1年生はいわば，小学校という道の中の「分かれ道」のようなものです。どちらに進むかによって，全く違う学校生活になってしまうということなのです。

　どんなに1年生でよい習慣が身に付いていても，崩れるときということは，あります。3年生ぐらいで，一度は崩れるものなのですが，1年生のときに高いレベルでできていると，それを基準にして考えるから，もどりやすいものなのです。

挨拶ができる

　1年生になったばかりの子どもたちは，案外，だれにでも挨拶をしないものです。

●「1年生は無限の可能性」●

　運動会の走りの選手を決めるときのことでした。順番に選手を発表していって，いよいよ一番の選手を呼び上げるというとき，タイムでは一番遅くて，だれにも勝ったことのない子どもが，「ぼくかなあ」と，目を輝かせて言いました。

　1年生は，自分の可能性を無限に信じています。根拠はありません。けれども，根拠もなく自分を信じられるところに，成長のエネルギーがあるのだと思うのです。

第1章　今どきの1年生って，どういうもの？

「学校で出会った人には，元気よくはきはきと挨拶する。」
という感覚が，幼稚園で躾けられていなければ，担任以外の先生とすれ違うときにも，ほとんど挨拶をしません。

そういう子どもたちに挨拶を1つずつ教えなければならないのです。ただ

「挨拶をしなさい。」

と教えるのではなく，挨拶が人とのコミュニケーションの第一歩として大切であることや，挨拶はしてもされても気持ちのよいものであるということを考えさせるのです。

そのうえで，気持ちのよい挨拶の仕方を練習して，習慣化させると，それは，将来に渡って子どもたちの大きな財産となっていくでしょう。

また，校内で大人の人に出会ったとき，職員室に入ろうとするとき，友だちと朝出会ったとき等，さまざまな具体的ケースを想定して，ケーススタディをしていくことも，いいでしょう。

昔は，近所の人に出会ったときに挨拶をしなかったら，子どもも親も叱られたものです。

「あそこの家は，どんな教育をしてるんだ。」

などと，言われました。

そういう時代では，子どもたちは社会から挨拶の仕方について教わっていたわけです。

今は，社会どころか，家庭で挨拶をきちんと教わることも少なくなっています。**学校で教えなければならないのです。**

宿題を自分から取り組む

　僕が1年生で担任した子どもたちの多くは，帰宅してすぐに宿題をすませるようになりました。
　学校帰りに友だちの家へ遊びに行くと，僕のクラスの子どもたちは，先に宿題をしてから遊ぶので，他のクラスのお母さんたちが感心していました。
　それは，まず，やる気まんまんの入学式のあくる日から，宿題を出すところから始まります。だれでもが簡単にできる宿題を，あえて初日から，毎日出しました。
　そのときに，いつも，
「宿題は，自分がもっとかしこくなることなんですよ。」
「帰ってすぐに宿題をすませると，あそびながら『宿題をしないといけないなあ』なんて思わなくてもすむから，楽しくあそべますよね。」
等と，宿題の価値づけをしていました。

　やる気がいっぱいで，真っ白な素直さを持つのが1年生です。こうした言葉が浸み入って，自分たちのものになっていったように思います。
　また，宿題に「セルフちゃん」という自学も取り入れていったので，自ら学んでいく姿勢も少しだけ身に付けられたように思っています。

清掃の価値づけ

　1年生の初めから，そうじをさぼろうというような子どもは，とても少ないのです。そうじについても，やる気まんまんです。
　その子どもたちに，そうじの楽しさというものを感じさせることが，重要です。
「自分の汚したところは，自分できれいにするのが当たり前だ。」
ということを，よく口にされる先生がいらっしゃいます。

第1章　今どきの1年生って，どういうもの？

　もちろん，その通りで，間違ってはいません。僕もそう思います。
　けれども，そうじというものを苦行のようにとらえて，子どもに「さぼるな」と叱るばかりでは，そうじすることの価値づけが十分にできないのです。
　スタートのときの1年生だからこそ，そうじの楽しさを感じ取らせてあげたいものです。
　まず，先生が子どもたちと一緒に楽しそうにそうじをすることが大事だと思います。難しい顔をして，子どもたちを注意してまわる先生がいらっしゃいますが，それではそうじの楽しさを子どもと共有することはできません。

　そして，そうじの根本的な楽しさ，つまり，労働の喜びというものを子どもたちに味わわせることです。
　これには，価値づけが効果的です。子どもたちがそうじをして爽快な気分になっているときに，
　「よくやったねえ。そうじは，気持ちいいでしょ。」
などと，ちょっと言葉を添えてやるのです。それによって，労働の喜びが価値づけされ，強化されるのです。

> ●「輝くマイ・スター」●
> 　僕の教室では「マイ・スター」というものがあって，子どもたちのきらりと輝く姿を取りあげて★の形のカードに書いていました。日ごろ，ほとんど発表もしない，人前で話せない，特に目立つことはない子どもが，腕まくりをして黙々とそうじをしていました。「そうじの仕方，上手だね」と言うと，はにかんだようににっこりしました。もちろん，彼女は「そうじマイスター」です。(P81参照)

5　保護者教育は，この1年にかかっている

　1年生の保護者教育は，保護者の方々の学校に対する考え方を作る，まさしく第一歩です。保護者会や参観日での保護者の出席率のNo.1学年が1年生です。それだけに，重要な学年だということです。
　この章の1項で，保護者の心情については書きました。ここからは，具体的な保護者会の内容や参観日などの取り組み方について述べたいと思います。

最初の保護者会
　最初の保護者会では，自分をきちんとアピールします。さわやかな姿と声を意識すること。もちろんスーツですね。ここで，独特の個性を発揮する必要はありません。
　話すことは全て一度文章におこして，読む練習もしておきましょう。その上で，何も見ずに話せたら，完璧です。

　そのときの内容について，例をあげましょう。
　保護者には，
「学校とはこういうところですよ。」
というものを具体的に示します。
　最初の保護者会では，「安心」していただくことが，一番大事です。安心させるためには，話が具体的で分かりやすいことと，先生だからこそ言えることとの両輪が必要です。

① 　学年目標
　学年の目標を示します。

第1章　今どきの1年生って，どういうもの？

「学年目標なんて，保護者と直接関係ないのでは……。」
と，思われるかも知れませんが，こういうものは，学校への信頼とつながるところがあるのです。学校の実態に応じた目標で，1年生らしいものを目標に織り込んで，教師の願いを伝えましょう。

　例えば，僕のある年の一例を示します。

・なかよくしましょう……お友だちのよいところを見つけられる子。相手のことを思いやる気持ちを育てたい。子どもたちだけでなく，**保護者の方同士，保護者の方と学校（担任）とが，協力し合うこと。**

・あいさつをしましょう……「おはようございます」「こんにちは」「さようなら」「ありがとうございます」といったあいさつが，自然とできる子。
　特に「ありがとうございます」という感謝の気持ちを大切にしていきたい。

・おてつだいをしましょう……自ら進んでそうじに取り組める子。**自主性を養いたい。**

---

② 基本的生活習慣を身に付けさせるために

　1年生では，何と言っても基本的生活習慣を身に付けさせることが課題です。これは，ご家庭の協力が必要です。
　けれども，おうちの方が，
「はやくしなさい」「ちゃんとしなさい」と，子どもたちを責め立てるようなことにならないように，しなくてはなりません。
　僕の話したことを，紹介します。

・育児は育自
① まず，保護者のみなさんご自身が変わらなければ，子どもは育ちません。子どもにばかり「変わりなさい」と言わずに，子どもと一緒に自分たちの生活を見直すようにしたらよいですよ。
② 子どもは，いつでもおうちの方を見ています。お手本となる行動をお願いします。
　例えば「あいさつをする」「交通ルールを守る」というようなことです。
　そして，**小学校で決められていることを守ることを，お願いします**。帰り道に喉が渇いたからといって，子どもたちにペットボトルを渡して飲ませるようなことをしていると，子どもは，いつか自分たちでそうするようになります。
③ 子どもに対する言葉がけを考えてください。
　先回りや否定的な言葉がけはマイナスです。
　例えば「はやくしなさい」「まだしていないの」「だめじゃないの」というような言葉は，子どものやる気をなくしてしまいます。
　肯定的な言葉がけや，できたときのほめ言葉でやる気を伸ばすようにしてください。
　例えば「こうした方がもっといいね」「とてもていねいにしたのね」「よくできたね」「毎日続けてえらいね」「1人で，がんばったのね」というような言葉がけをしてくださいね。

③ 連絡帳の使い方

ぜひ，最初に話しておきたいことが，連絡帳の使い方です。
1．担任に連絡したいこと

2．欠席した理由（登校した日に）
3．登下校の変更がある場合には，**当日必ず連絡帳でお知らせください**。緊急の場合は電話連絡でもかまいません。特に下校方法について変更連絡がない場合は，いつも通りの方法で帰宅させます。

というように，必要な項目は配付するプリントに書いておいて，僕は，次のように付け加えます。
「僕は，ハートが小さいですから，いきなり，『……は，どういう事ですか』というような文句は，できるだけおさえてくださいね。(こういうと，だいたい，笑っていただけるんですが) 電話でもそうですが，最初の言葉は，ご挨拶から入っていただけると，かまえなくてすみます。みなさんの多くは，先生に文句をつけたいわけではないでしょうから，子どもたちのことを前向きに話し合えるように，一言，よろしくお願いします。」

● 「モンスターばかりじゃない」 ●

「親塾」を主催していると，保護者からのさまざまな相談を受けます。

そのときによく聞くのが，

「先生（学校）に対して，こんなことを言ったら，モンスターペアレントだと，思われませんか」ということでした。保護者の方も，「モンスターペアレント」という言葉には，強い抵抗があるようです。

「親からの電話や連絡を全て『文句だ』と捕らえない方が，いいですよ。」

若い先生たちには，そう教えています。

学期末の保護者会

　１年生では，必ず，学期末の保護者会を持ちます。夏休みという長い期間を，初めて小学生として過ごすのです。夏のくらしの指針ぐらいは，示しておくべきでしょう。
　そろそろ全員参加とはならなくなってきますから，話したことは，必ず通信に書いて，全てのご家庭に配布しましょう。

　保護者会では，まず，１年生の１学期をふり返って，子どもたちの成長を伝えます。悪いことは，一切，言う必要はありません。どれだけ子どもたちのよい姿を話せるかが，そのまま，担任の評価になると思いましょう。
　そして，夏休みの過ごし方を話します。

■まずは，夏休みには体育や外遊びなどがなくなり，運動不足になりがちです。最近の子どもたちは，悪くすると１日中クーラーの効いた部屋でゲームをしていることになりかねません。
　それで，２学期には運動会の練習になる学校が多いですから，２学期の練習でばたばた倒れることのないように，**適度に運動することの大切さを伝えましょう。**
　暑い夏でも，外に出て縄跳びやランニング，アスレチックスなど，体を動かして汗をかくことをさせるように，伝えましょう。

　１年生の子どもたちに向けた通信とセットで保護者会を持ちます。
　「子どもたちには，こう伝えています。」
と言って，保護者に説明します。

第1章　今どきの1年生って、どういうもの？

■次は、学習の話です。

　子どもたちの学習習慣が自主的に根づくような過ごし方を示しましょう。どうしたらよいか分からない保護者もたくさんいらっしゃいます。学校から、具体的にどうしていくかを示していくべきです。
　僕は、次のように話しています。

　学習は、無理なく短時間に、楽しみながらさせましょう。
　1学期の間、毎日宿題を出してきました。宿題をしてから遊ぶという習慣が身に付きかけた子どももいます。できるだけ、午前中に学習させてから、すっきりとして1日のスタートがきれるようにしてください。
　1年生は、うまくもっていけば、必ず自分からするようになります。

■続いて、家庭の中でのお手伝いの話です。

◆お手伝いをすすんでする子に
　子どもも家族の一員です。お手伝いを何か決めてさせましょう。新聞をとってくるとか、食事の後の食器を洗い場に運ぶとか、簡単で毎日できることを、役割としてさせてあげましょう。
　勉強ができても家族の手伝いはできない、というような人間には育ってほしくありませんね。すすんでお手伝いをすることを大切にしてほしいものです。それには、やはり、「ありがとう」「ご苦労様」という言葉がけですよ。

■こんな保護者会も

　ファシリテーションを活用した保護者会も考えましょう。
　まだ1年生の最初は，保護者会に参加してくださるときです。保護者同士の交流をはかり，親和的なムードを作れれば，後々に影響が大きいでしょう。
　ファシリテーション的保護者会の例をあげましょう。

① 子どもたちから，お母さんに言いたいことのアンケートをとって，多い項目をプリントして，保護者に示す。
② 保護者が4，5人ずつのグループになって，テーブル毎に子どもたちの言葉について話し合って，模造紙に書き込んでいく。模造紙への書き込み方を説明するときに，意見を戦わせるのではなく，相手の話を聞き合うことが目的だと説明する。
③ テーブルに居残って説明する人を，ジャンケンで決める。
④ 10分程度の時間で話し合いを止めて，シャッフルして，同じ人と一緒にならないようにテーブルを移動する。
　元のテーブルには，説明者が居残って，新しいメンバーにそのテーブルで話し合ったことを説明する。
⑤ 新しいメンバーの中で発表者を決めてから，「子どもたちへ伝えたいこと」というテーマで，各テーブルで話し合う。
⑥ 話し合ったことを，発表者が模造紙を示しながら説明して，参加者全員で共有する。

　このような形で保護者会をすると，保護者同士がいろいろな話をするきっかけづくりになります。いろいろな受け取り方をする方がいらっしゃって，反発があるかも知れませんが，話ができてよかったという声

第1章　今どきの1年生って，どういうもの？

も多いものです。
　保護者会で意見を求めると，特定の方だけが発言して終わってしまうことも多いのです。このような方法を使うと，みなさんが意見を述べることが出来ます。
　また，1年生の保護者会は，6年間で一番出席率が高いのですから，こうして保護者間の交流のきっかけができる機会を作ることには，意義が深いですね。

25

本を読むと言うこと

絵本をたくさん読んであげてくださいと，呼びかけましょう。

よくたずねられるのは，

「もう字を読めるようになったのだから，自分で読ませるようにした方がいいですか。」

ということです。これは，一見自力指導につながるやり方に思えますが，なかなかそうはいきません。文字を読むことと文を読むこととは違うのです。

「絵本の文章を一生懸命に読んでいると，絵が見られません。絵を楽しんでいると，文章が読めません。絵本は絵と文がいっしょになっているすばらしい世界なのです」ということを，おうちの方に伝えましょう。

お母さんへの宿題として，子どもに絵本を読み聞かせすることを出すのも，いいでしょうね。また，どんな絵本がよいかというリストを示すと，さらにいいですね。

次ページに示したものは，僕が1年生の夏休み前に出した「お薦めの絵本」リストです。

※なお，絵本の読み聞かせについては，第6章で詳しく述べます。

第1章　今どきの1年生って，どういうもの？

○は読んだというチェック

本の名前〔絵本〕		○	本の名前〔絵本〕		○
ぐりとぐらのシリーズ　　なかがわ りえこ			王様と9人のきょうだい　　赤羽末吉		
田島征三	じごくのそうべえ		すてきな三にんぐみ　　トミー＝アンゲラー		
	そうべえごくらくへゆく		ぶたのたね　佐々木マキ		
はらぺこあおむし　　カール			グリム	7ひきのこやぎ	
ひとまねこざるシリーズ　　H.A.レイ				しらゆきひめ	
むかし話	かさこじぞう		花の好きな牛　　M・リーフ		
	ももたろう		くんちゃんシリーズ		
	したきりすずめ		3びきのやぎのがらがらどん　　マーシャ・ブラウン		
	うらしまたろう		3びきのくま　　ガルドン		
	ふしぎなたけのこ		てぶくろ　　E・M・ラチョフ		
	へそもち		どろんこハリー　　J・ジオン		
キャベツくん　　長新太			エッツ	わたしとあそんで	
小さなお家　　バートン				いどにおちたぞうさん	
だるまちゃんとてんぐちゃん　　加古里子				森の中	

夏の学習について

夏休みの宿題は，1学期にしたことを復習できる程度でよいでしょう。全く出さないと，保護者はかえって不安になります。子どもの負担にならずにすむ程度のものを考えましょう。

① 絵日記

定番の1年生の夏休みの宿題です。最後の日に絵日記を渡して
「書いておいで。」
と言うだけでは，指導がありません。

まず，絵日記と同じようなシートを用意します。

1学期の最後の週に授業中，時間をとって，絵日記の書き方を指導します。

日付を必ず書くことを教えます。

そして，その日にあったことか，前の日や数日前にあったこと等を題材にして書くように指導します。そこは，ふつうの日記や生活作文と同じです。書く量をできるだけ，枠いっぱいになるようにすること，マス目が足りなくなったら，ページの裏に書き続けてもいいことを伝えます。考え方はいろいろあってもいいと思いますが，夏休みにたくさん書くときがあってもいいのではないかなと，僕は思っています。

ていねいな字で書くように，徹底します。

続いて，その日記と関係のある絵を，色鉛筆やクレパスで描かせます。これも，ていねいに色を塗るように指導します。

② 復習

1学期にした計算プリント等をもう一度印刷して配るといいですね。改めて作る必要はありません。おうちの方が一緒に丸付けしていただけるように，お願いしてください。

また、宿題以外に、夏の間に以下の2つのことを仕上げてくださるようにお願いします。

1. たしざん・ひきざん(繰り上がり下がりのないもの)を完璧にする。完璧とは、0.5秒で100％できること。
2. 音読の練習をさせる。1学期にした視写プリントや教科書の文は、すらすらと大きな声で音読できるように。

学校でつけるべき力とは別に、子どもたちがおうちでできることを示すのは、大切なことです。

保護者会のネタ

そのほかにも、1年生の保護者会で使えるネタを紹介しましょう。

○音読の話

通信に書いたことを、そのまま載せます。音読について、おうちの方は軽く見てしまうことが多いので、その効用をしっかりと伝えたいものですね。

音読することはそんなに大切なのか

・目で文章を見るので、大脳の視覚領域が活発に動きます。
・自分の声を聞くことで、聴覚領域が活発になります。
・口を動かそうとすることが、さらに脳を動かします。
・「音読は脳の全身運動である。」(東北大学・川島隆太氏)

○計算について

「計算と一口に言っても、考えながら計算しているときと、覚えた計算を思い出すときとは、全く違います。

1年生では、毎日10分でいいから計算させましょう。当たり前の計算を完全にさっとできるようにしましょう。

計算さえしっかりできるようになっていれば、算数は何とかなります。」
という話をします。

○学習について

ペーパーテストの結果だけが学習だと、とらえがちな保護者も多いものです。学校での学習については、機会を見つけて、通信や保護者会で伝えていきましょう。

1年生と音読

・黙読と音読の速度は、3年生ぐらいでひっくり返ります。つまり、それまでは、音読の方が黙読よりも速いのです。

・個人差が大きいです。「もっと大きな声で」というよりも、一緒に読んであげてください。一緒に読むと、すらすらと読めるようになります。

・音読する楽しさを味わわせないと、将来、読むのがきらいになります。

・暗唱と音読は違います。文字を目で追って音声化するのが、音読です。眼球運動のトレーニングでもありますから、音読を重視してください。

・「書けるよー」「知ってるよー」と言っても、正しい字を書ける子ど

もは，ほんの一握りしかいません。正確な文字をていねいに書くところから国語学習が始まります。

そのことをきちんと保護者に伝えます。

・「聞く」ことのできない子どもは，授業に出ていても学習効果はあがりません。学校で聞けない子は，塾に行こうとも結果は同じです。1年生の真っ白な子どもたちに，「聞く」ことの大切さ，「聞く」ことの楽しさを味わわせたいと，繰り返し伝えましょう。

ちゃんと聞いて帰っておうちでそのことを話せたら，大いにはめてあげましょうとも，伝えます。

参観日

入学して初めての参観日，多くの保護者は，自分の子どもが学校でどのようにしているのか，ちゃんと勉強しているのか。そういうことを見に来ています。もちろん，どんな先生で，クラスがどんな状態なのかも，気になりますが，何よりも，わが子の姿です。

できるだけ，子どもたちが全員発表できるような機会を作りましょう。一斉の音読などで，元気に声を出している姿を見てもらいましょう。わが子が大きな声で元気に声を出している姿は，安心の笑みにつながります。

「読み・書き・話す」を1時間の授業の中に，組み入れた授業がよいでしょう。じっくりと考えるような授業でなくてもよいのです。どんどんいろんな勉強をしている姿をおうちの方に見せてあげてください。

参観日には，いろんなことが起こります。子どもたちのテンションが前の日までと大きく変わることも，よくあります。比較的静かだった子どもが，調子に乗って騒いだり，その逆で，ふだんは元気いっぱいで活発にしていた子どもが，おうちの人が来たとたんに，「青菜に塩」のよ

うになることもあります。そうなることも踏まえて，子どもたちが活動できる学習を仕組みましょう。

　子どもが失敗したとき，例えば，発表の途中で言葉につまって言えなくなったり，まちがったりしたときには，必ずフォローをします。最初の参観日に失敗したままにしておくのは，よくありませんね。

　※フォローの仕方については，中村健一さんの『学級担任に絶対必要な「フォロー」の技術』（黎明書房）に詳しく載っています。

6　楽しさを演出しよう

「学校って楽しい」
「授業って，おもしろい」
そういう楽しさを演出したいものです。1年生のときの楽しさが，将来にわたる学校生活の楽しさを保障することになります。
　楽しさをどう演出していくのか？　そのために考えておくこと，実践するとよいことがあります。

◎一緒に遊ぶ

　当たり前のことですが，子どもにとって，先生と一緒に遊ぶということは，楽しいものです。そして，先生が入っているところでは，どんな子どもでも入りやすいし，遊んでいて嫌なこと(意地悪・拒否・疎外・ルール無視等々)がほとんどありません。先生がそういうことを許すはずがありませんからね。

第1章　今どきの1年生って，どういうもの？

なかなか遊びに加われない子どもに
「一緒に遊ぼうよ。」
と，声をかけることもできます。

　ただし，男の先生は，遊びがサッカーやらドッジボールのような男子中心のものに偏らないようにしなければ，なりません。おはじき，鬼ごっこ，折り紙，いろんな遊びにつきあって，いろんな子どもたちと楽しくやりましょう。教師が楽しいということも，子どもたちが楽しくなる大切な要素なのです。

◎楽しい授業を
　これについては，第2章でくわしく述べます。授業の楽しさは，笑うことだけではありません。
　特に低学年は，活動を入れることを考えましょう。歌を歌ったり，動作化したり，ダンスしたりといった活動は，1年生らしくて，子どもたちには必要なアイテムです。

　昔，1年生の2クラスで，あるクラスの先生は，教科書の数詞の指導で出てくる「いっぽんでもニンジン」をキーボードの伴奏で歌いながら，授業をしました。子どもたちの明るく楽しそうな歌声が，教室にひびいていきました。
　隣のクラスの先生は，きちんとした音読を重要視して，情感にあふれた（？）静かな調子で「いっぽんでもニンジン，にそくでもサンダル……」と，穏やかに一斉読みさせていました。僕から見ると，そのクラスは，きちんと座ってはいたけれど，笑顔のないクラスでした。
　静かであっても，楽しさというものはあります。でも，教材の楽しさは伝えられなかったでしょうね。

文字の練習をするときでも，ちょっとした工夫で楽しいものになります。
　例えば，「がぎぐげご」と濁音を練習するときに，「がぎぐげごりら」と言うだけで，1年生は楽しくなります。この時期の子どもたちは，ナンセンスなことが大好きなのです。

　言葉あそびとして，授業にそのまま使える楽しい絵本もあります。『へんしんトンネル』や『へんしんトイレ』(あきやまただし作・絵，金の星社)は，子どもたちと一緒に声に出して読んでいくだけで楽しい授業になります。

7　「なぜするのか」
　　ー1年生だからこそのプレゼンテーションをー

　1年生には，何もかもていねいに，1つずつ教えていかなければなりません。本当に，何にも教わっていないのです。
　他の学年だと，プリントを配るときに列の人数分だけ先頭の子どもに渡したら，1枚だけ自分の分をとって，残りを後ろにまわしていきます。でも，1年生のスタートでは，そんなことも知らないのが当たり前なのです。
　初めて1年生を持ったときに，一番前の子どもに5枚ずつプリントを渡したら，全員，その5枚をそのまま自分のファイルにしまいました。配り方を教えていない僕が悪かったんですね。
　それで，1枚ずつとって後ろに送ることを教えて，できるようにさせました。しばらくたったとき，5枚組の校内新聞を配りました。先頭に5組ずつきちんと数を数えて配ったのに，一番後ろのところにたくさんあまりました。「おかしいなあ」と思って，よく見たら，子どもたちは

第1章　今どきの1年生って，どういうもの？

　1組の新聞をわざわざばらばらにして1枚だけとり，後ろに送っていたのでした。これも，僕の説明不足ですね。
　このように，1年生は，教えた通りにしかしないし，融通は全くきかないと言ってもいいでしょうね。

　1年生は，特に細かくていねいなプレゼンテーションを，1つ1つのことがらについてしなければならないということです。省略は，だめです。自分たちで判断させるにも，元となる要素がまったくありませんから，全て始めから，説明するのです。

第 2 章
入門期は，離陸のための滑走期
－初日からの３ヵ月間－

　入学してからの約３ヵ月間を「入門期」と呼んで（１学期いっぱいという考えもあるし，２ヵ月くらいだとする意見もありますが，僕は，最低３ヵ月かなと思っています），子どもたちが学校や授業に抵抗なく入っていけるようなカリキュラムを考えます。
　教科書は，概ね，そうなっていますね。
　飛行機が滑走路へ移動し，長い距離をとって加速してから離陸するのと同じようなものです。ちゃんと加速しなければ飛び立てませんね。距離を取らないと，加速もできません。スタートでいきなり飛び上がるというようなオスプレイタイプの子どもたちは，ほとんどいないと言ってよいでしょう。
　学校という大空へすんなりと飛び立っていけるための期間が「入門期」だと，考えましょう。
　従って，あわてずにじっくりと進めていくのが基本です。できなくて当たり前。それを１つずつ指導して，できるようにしていくのが，教師の最大の仕事です。
　幼稚園を出たばかりの，まだ顔つきもはっきりしていない，そんな子どもたちを，あたたかく包むようにして，よいスタートを切らせてあげましょう。

1　入門期の子どもたちの特徴

　第1章でも少し説明しましたが、子どもたちは、
「さあ、1年生だ。小学生だ。やるぞー！」
というような気持ちにあふれています。
　従って、幼稚園との差別化を図るべきです。まだ慣れていないからと、幼稚園の延長のようなことをしていたら、子どもたちの心にはミートしません。

　ただし、入門期に子どもたちの受け取る新しい情報の量はものすごく多いので、消化しきれないことも出てくることは、頭に置いておきましょう。ときには、クールダウンとして、ぼんやりする時間も作ってあげたいですね。

　基本的には、先生の話を聞くことのできない子どもがたくさんいますから、どう聞かせていくかの工夫が要ります。友だちの意見などについては、もっと聞いていません。それも聞くべきだという意識を持たせていきます。初めはできていなくても、叱らないことです。
　何でも、塾などで先取りしている子どもがいます。そういう子どもたちの「知ってるよ」という発言に惑わされないで、1人1人が、ちゃんと分かっているのかを確かめながら、学習を進めていってほしいと思います。

2　初日からの1週間でなすべきこと

登下校の安定

　まずは，登下校を安全にできるようになることが，もっとも大事なことです。おうちの方とも連絡をとりながら，より安全な学校の登校システムにうまく参加できるように考えてあげましょう。

　登校時は，地域の高学年などが連れていってくれることも多いので，比較的安心なのですが，下校時は，1年生だけで帰ることになるので，特に気を付けましょう。

　特に最初の1週間は，保護者にもお願いして，できる限り塾やおけいこで別ルートにならないようにして帰らせてください。

　昔，僕が担任していた1年生での3日目の話です。

　先生たちで分担していくつかの帰宅コースに付き添っていっていたのですが，1人の男の子が泣きながら担当の先生ともどってきました。

　なんでも，最初の2日間，A君の後ろに並んでいたので，その日もA君の後ろに並んでついていったのだそうです。でも，A君はその日はサッカー教室に行くため，別の帰宅コースに並んでいたのです。そのことを知らないでA君についていったら，全く知らない場所に行ってしまって帰り道が分からなくなり，大泣きしたということでした。

　こういうことが起こるのです。

　また，ともかく，「連絡帳か電話で保護者から直接連絡がない限り，決まったコースで帰らせます」ということを，徹底してください。

　1年生は，時間の概念が全くありません。おうちで
「来週くらいに，Bさんのおうちに，遊びに行こうね。」

と，おうちで話していたことが，次の日に学校へ来たら，
「今日は，Bさんのうちへ行きます。」
ということになるのです。

　連絡がなければ，できたら，おうちに確認をとりましょう。
　最初は，登下校に万全を期すことです。

学校のルールの定着

　学校には，決まったルールがあります。それらは，幼稚園でも同じようなルールでしている所もあれば，全く違う所もあります。チャイムのない幼稚園，小刻みに時間を区切っていない幼稚園で育った子どもは，チャイムに合わせたり，時刻を見て行動したりということには，慣れていません。

　そういうことを1つ1つ教えていきます。

　　・　チャイムで行動
　　・　並んで移動
　　・　廊下の歩き方
　　・　出会った人への挨拶
　　・　校舎内での安全

といったルールをていねいに，徹底して指導します。

授業の基本ルール

　これは，学校によって違っていますから，その学校での形に合わせていきましょう。
　例えば，次のようなことを，これも**1つ1つていねいにあせらず，指導します。**

- チャイムが鳴ったら座って待つ
- 次の学習の準備をする
- プリントの配り方(「どうぞ」「ありがとう」と言って配る)
- トイレは業間に行く
- 先生や友だちの話は,顔を向けて聞く
- 手を挙げて,指名されたら,発表する

　これらは,僕のいた学校での実例ですから,学校の実態,先生の考え方等によって変えればよいのです。
　ただし,ルールを一度決めたら,徹底してできるようにさせることです。途中でころころ変わることのないように。

● 「なんでも不安になる」 ●

　保護者が不安になることの1つに,「みんなはできているのに,うちの子だけができていない」ということがあります。
　入学式の次の日から,足し算までできる子どもがいると,不安を感じてしまうのです。1年の初めてのプールで泳げる子どもたちがいると,泳げないことが不安になります。
　跳び箱ができないと,体操教室へ。走りが遅いとアスレチッククラブへ,等々。まず言いたいことは,「できない時間を大切にしなさい」ということです。学習については,あんまり放っておけないが,走りにしても水泳にしても体育にしても,出来ない子は出来ない時間にいろいろなことを考えます。がんばってクリアしようとする子どももいれば,劣等感を持つ子どももいます。悔しい思いをすることもあります。いろいろな子どもがいてもいいのです。いろいろなことを感じる時があってもいいということなのです。

3 入門期の国語

基本的な考え方
　入門期の国語指導の基本は，次のように考えます。

●子どもたちはおそろしく飽きやすく，長い時間にわたって集中力が持続できません。従って，1時間の授業の中に，できるだけ「書く・話す・言葉」の3種類の活動を組み合わせていくことが大切です。他の学年でも同じようなことを言っていますが，入門期は，特にそのことに徹底した方がよいと思います。

●1年生は，リズムのある言葉(繰り返し)・ナンセンスな言葉(「パタパタパンダ」のような)・自分の体に関係した言葉(おへそ，手足，おしり，おなら……等)に親しみを感じ，大好きです。そういう種類の言葉の指導を中心にしていくと，楽しさが生まれます。

●子どもたちは歌が大好きで，歌うように話します。子どもがひとりごとを言っているのを聞いていると，ときどき歌っているような感じに聞こえます。歌にすると，音読がつかえて読みにくい子どもも，できてしまいます。ですから，歌を取り入れた指導にしたいものですね。
　また，身体表現も取り入れて，体と言葉で表現するようにさせると，さらに子どもたちにミートします。

●文字は，「つ・く・し」などの簡単なものから，少しずつ指導します。宿題は毎日少しずつ自分の力でできるものを出すのがよいでしょう。正しい字をきちんと書けているのかどうかを，大切にします。

●ときどき，5〜10分間「聞く活動」として絵本を読み聞かせします。これは，同時に「聞くお勉強」になります。

●毎時間5分間ずつ，「早口ことば」や「うたにあわせてあいうえお」等を使って発声練習をします。いろいろな音読教材を持ち込んで，声を出す楽しさや，音量のコントロールなどを教えていきます。

●文字指導は，空書き→プリントで大きな字の練習→言葉集め→半分練習(残りは，宿題)→早く書けた子は，色鉛筆で塗り絵をする，というようにすると，スムースにいきます。書く活動ではいつも，個人差が大きく出るので，個人差に対応するための手立てを講じておく必要があります。
「静かに待っていなさい」というのは，3分が限界です。

具体的指導例
① 一番初めの授業びらき
　子どもの「さあ，小学生だ」という気持ちを大切にするため，教科書を開くし，字も練習します。教科書を開くというのは，大事なポイントです。

(ア) 発声練習
　「うたにあわせてあいうえお」(教科書にあれば，それを使うし，同じような「あいうえお」を組み入れた音読教材が各社の『音読集』にも載っているので，活用すればよいでしょう。)を模造紙に書いて示し，先生に続いて1行ずつ読みます。
　<u>立って，おなかに手をあてて，背筋を伸ばして，口を大きく開けて読む</u>，発声の基本練習です。

元気に声を出していることをほめていきます。7～8分かかりますが，だんだん慣れてくると，5分以内でできるようになります。

以後，授業の始めの発声練習として毎日繰り返します。

(イ) 教科書を開ける

国語の教科書の最初のページには，ほとんど言葉や文章は載っていません。絵を見て子どもたちが思ったことを発言していくための教材なのです。

ここで，発表の仕方の指導をするのです。

「○○○を見つけました。」

「○○○に○○○があります。」

という言い方を教えます。全員で一斉に発表での言い方を練習したら，1人1人の子どもに言わせていきます。

発言するときは，必ず手を挙げて，先生にあてられてからしか言葉を言ってはいけないというルールも教えます。

だれかがあたったら，その人の方に顔を向けて黙って聞くのが幼稚園と小学校の違いだと伝えます。

また，友だちの意見と一緒だと思ったら，うなずいたり，

「同じです。」

と言ったりするように指導します。

「発表の仕方の指導」は，20分ぐらい。

これも，これからの1年間そうしていくのだと伝えて，以後，徹底させていきます。

(ウ) 文字指導

　1画の簡単な文字,「し」「つ」から書きます。初日は, 1つでもいいのですが, 次の日からは, 2つずつの文字指導。「しか」や「つくし」等のその字の入った言葉を考えさせてから, 正しい鉛筆の持ち方をおさえて, ていねいに書くことを教えます。

　★文字指導の順序は, 次の通りです。

```
1画　つ・く・し・へ・て
2画　い・う・こ・と・り
1画で形のとりにくいもの　そ・の・ひ・ろ・る
3画　か・け・さ・も・に・せ
2画で曲線の難しいもの　す・ち・ら・え・め・よ・は
4画　き・た・な・ふ
2画でさらに字形の取りにくいもの　ぬ・み・ゆ・ね・れ・わ
その他　難しい形　あ・お・ほ・ま・む・や・を・ん
```

② **10分～15分での言葉の指導を**

　1年生は, 拗音, 濁音, 長音, 促音など, 基本的な言葉の学習をたくさん教えていかなければなりません。語彙指導もしていかなければ, 言葉の数は増えていきません。教科書もかなり工夫されていますが, もう少し, 子どもたちが楽しく学習していけるための方法をいくつか紹介します。

4月〜5月

(ア)「早口ことば」で口形，姿勢，音量の指導

① いくつかの早口言葉を示して，口形の練習

　早口言葉は，口形指導にはうってつけです。短いので誰でもすぐに暗唱できるので，口の開け方や姿勢等に意識を持って行きやすいのです。しかも，早口言葉は，早く言おうとして口をもごもごさせると，よけいに言えなくなります。うまく言えるコツは，口を縦に大きく開けるということなのです。

② ボイスコントロールを使って，音量の練習

　ボイスコントロールとは，次の1〜5の5つの段階をパネルにして示すものです。

《ボイスコントロール》

1	ささやき話
2	2人だけの会話
3	教室で発表するとき
4	教室の端から呼ぶ
5	運動場の端から呼ぶ

　僕は，イラストのように自分で手で動かすものを作って，教室においておきました。今のパソコンの堪能な先生だったら，動画として作ることができるかもしれませんね。

　たけやのかきねに
　たけ　たてかけた
　おやがめこけたら
　こがめまごがめ
　ひいまごがめ
　こけた

　とうきょうと
　とっきょ
　きょかきょく

　かえる
　ぴょこぴょこ
　みぴょこぴょこ
　あわせて
　ぴょこぴょこ
　むぴょこぴょこ

(イ)「とんだとんだ」で語彙指導と聞き取る学習

先生「とんだとんだ」
児童「何がとんだ」
先生「……がとんだ」

と言って, 飛べるものなら「はい, いいです」飛べないものなら「いいえ, ちがいます」と言わせる。

応用として,「……が歩いた」「……が泳いだ」

・全員 ──→ 指名

ゲーム化で楽しくすることが, 大事です。また, この学習は「……が……した」という, 主語と述語の基本系の指導にもなります。

(ウ)「みつはち ふんふん」で濁音の指導

① 「みつはちふんふん　みつかいに　はなのみつやに　とんてきた
　みつはちふんふん　みつえらひ　おいしいみつは　とれかしら
　みつはちふんふん　みつかって　はちのこほうやに　なめさせた」
と板書。一緒に2回読みます。

② 子どもたちは必ず「おかしいよ」と言いだしますので, どこをかえればいいか発表させます。

③ 同じ文章を書いたワークシートに, 自分で濁点をつけさせます。

(エ)名前の練習＋挨拶指導

① 八つ切りの画用紙を屏風のように4つに仕切り, その一番端っこに, 1人1人の名前を書き方鉛筆（2B～4B）を使い, ひらがなで書いて, 渡します。

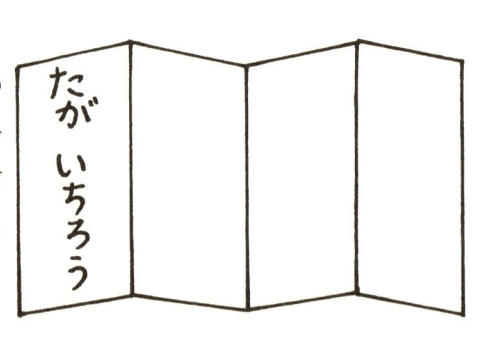

②　子どもたちはお手本を見て，正しい自分の名前を書く練習をします。
③　首からぶら下げるカードに，自分の名前を書かせてから，立ち歩いて10人の人と握手をして，名札を見て
「○○さんですね。ぼく（わたし）は，△△と言います。よろしくね」
と，挨拶する練習をします。

|5月～6月|

（ア）「しりとりあそび」で語彙の指導
①　ふつうのしりとり遊びを先生対子どもでする。
②　「くだものの名前」「魚の名前」などを指定して順番に言う。これは，同時に類別の学習にもなります。
③　グループに分かれて，前の人の言った言葉をすべて反復しながら，自分の言葉を最後に付け加えて言う。
例……「たぬき」－「たぬき・きつね」－「たぬき・きつね・ねこ」

こういう学習を3回ぐらい取り入れます。

（イ）半濁音の指導
　半濁音は，もともと楽しい発声の音です。楽しいものを読んでいくだけで，練習になります。
　『ぱぱーぺ　ぱぴぱっぷ』（谷川俊太郎・文，おかざきけんじろう・絵，クレヨンハウス）という本があります。
　この本を子どもたちと一緒に読むだけで，半濁音の練習になります。こういう本は，子どもたちをすっと言葉の世界へ引きずり込んでしまいます。その力を活用するのです。

(ウ) カードで長音の指導，促音の指導

　短音□と長音□□を表すカード（磁石付きで黒板に貼れるようにしたもの）を用いて，長音を理解させます。

　例えば，次のようにします。

□は，みじかい音のことです。□□は，長く伸ばした音のことです。
「たこ」は，「タ」「コ」と□と□が2つですね。
「ぞう」は，「ゾー」と伸ばした音だから，□□です。「そうじ」は，「ソー」と「ジ」でできてるから，□□と□になります。
「ヨーヨー」は，「ヨー」という音が2つですから，□□　□□です。「おとうさん」は，「オ」「トー」「サ」「ン」だから，□と□□と□と□となります。

　子どもたちは視覚的に単音と長音をとらえて発音できるようになります。

　促音では，「っ」のところに口を閉じた絵(ここでは◇と表記)を貼って，「ね◇こ」「き◇て」等と示します。促音は「つまる音」なので，◇のところで一度口を閉じるように教えると，促音が発音しやすくなります。

このように何かインパクトのある「モノ」で説明すると，分かりやすくなります。

(エ) 歌を使っての拗音の指導

拗音はねじる音だと言われます。でも，1年生に「ねじるように発音してごらん」と言うわけにはいきません。

ところが，歌を歌ったら，簡単に発音できてしまいます。大いに歌の力を活用しましょう。

① 「おもちゃのちゃちゃちゃ」の「ちゃ」の部分を「た」に全部変えたプリントを渡し，読んだり歌ったりして，おかしさに気づかせます。

② 拗音の正しい発音の仕方を教えます。ここはあまりていねいでなくても，後で一緒に歌ったら発音できるものです。

③ 拗音の言葉集めをします。となりの子どもと一緒にたくさん集めさせるといいですね。

④ 「ちゃちゅちょ」を書いて練習します。

⑤ 「にゃにゅにょのてんきよほう」を読んで歌って，拗音の発声練習をします。

⑥ 「にゃにゅにょ」「ぴゃぴゅぴょ」などの言葉集めをして，練習します。

⑦ 縦書きと横書きで，マス目に書く位置が違うことをプリントで教えて練習します。これは，次ページに実物を示します。

だ び ぱ のつくじ

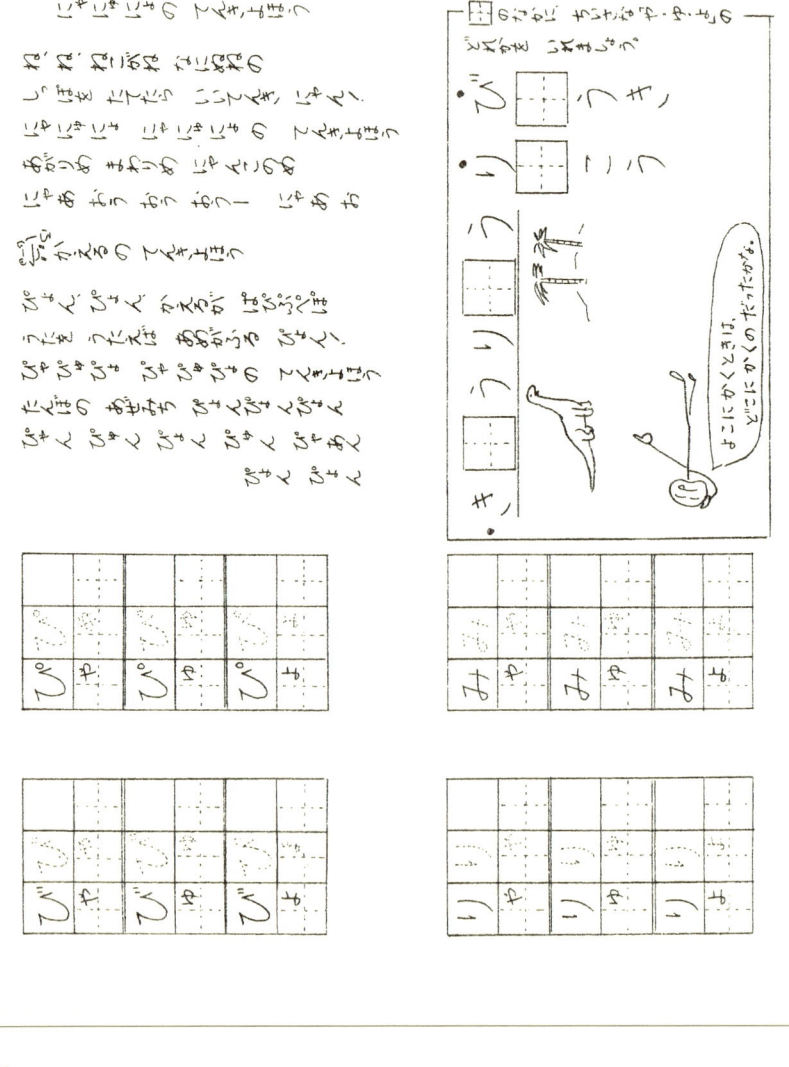

なまえ □□□□□□□□

こえにだしてよもう

ぱらぱら あめだ
ぴちぴち あめだ
ぱらぴち ぱらぴち ふってきた
すぐに やんだよ ざんねん
ざあざあ ゆうだち

ぐうぐう ねむる ぶたくんに
ぴょんぴょん のっかる かえるくん
だぶだぶ ぼうしの たぬきくん
ぞう ぞう

（濁点・半濁点の練習マス目）

③　入門期の物語文の指導

　この時期に最も重要なのは，正しく音読できるということです。子どもたちの中にけっこうたくさん見られることなのですが，暗唱して，音読していない子どもがいます。

　音読とは，文字を音声に変えて発することです。けれども，1年生の読む文章はそんなに長くないですから，文字には目をやらずに，まるごと覚えてしまって，暗唱してしまう子どもがいるのです。それでは，音読のトレーニングになりません。

　音読を支える技術の1つに行替えというものがあります。本来，我々は文章を音読するときに，次の行に

> そのとき、たろうが
> んばれという　こえが
> きこえてきました。

目をやりながら，今の行を読んでいるという面がありますね。ですから，眼球運動が縦から斜め左上へとスムースに移行できないと，正しく読めなくなります。

　右上の文のような場合，「たろうが　んばれ」と読んでしまうのは，次の行へ目が移動していないからです。

　暗唱してしまうと，この文字に合わせて眼球を動かして次の行を読むというトレーニングができません。十分に眼球の動きのできない子どもがすぐに暗唱してしまうと，だんだんと文章のレベルが高くなるにつれて，読めなくなっていきます。

　暗唱ではなくて，音読させましょう。

　そのためには，指でなぞりながら読ませるということが大切なのです。子どもは面倒だから指でなぞるのを嫌がりますが，入門期の文章では必ず，指でなぞりながら読むという段階を作るべきです。そこは，厳しく徹底することが大切です。

　次に大事なのは，言葉から想像する楽しさです。入門期では，挿絵を

活用してください。言葉だけでは理解できないことや，想像しにくいところを挿絵の力を使いながら読んでいくのです。

　最初の物語文の指導の具体例を，光村図書出版の一年「こくご」の「はなのみち」（岡信子・作）を使って示します。参考にしてください。

◆めあて
　　・句読点に気を付けて正しく音読することができる。
　　・「　」の読み方を考えて，音読することができる。
　　・挿絵を読み取って，想像する楽しさを味わう。
① 「はなのみち」の１ページ目を指でなぞりながら，ゆっくりと声に出して読む。

> くまさんが、ふくろを　みつけました。
> 「おや、なにかな。いっぱい　はいって　いる。」

② 指でなぞりながら，句読点に気を付けて，ふつうの速さで読む。（句読点の使い方を知る。）
③ 指をはずせる人ははずして，読む。
④ くまさんが見つけた袋は，どんな袋なのか，挿絵を見て，発表する。
⑤ 「　」の中には何が書いてあるのか，考える。
　　・話したこと　・言ったこと　・聞いたこと
⑥ 「　」を音読する。
⑦ 「　」をどんな読み方にするか考える中で，くまさんの気持ちを読み取る。
⑧ 「　」の読み方を工夫して練習する。
⑨ １ページ目を音読する。

④　入門期の説明文の指導

　１年生に，物語文と説明文の区別はできません。「これは説明文だよ」と，教える必要もありません。

　説明文でも，挿絵を活用してください。

　特に，入門期の教科書の説明文は，挿絵や写真を使って

「これは，何でしょう。」

「これは，○○です。」

というように説明する形になっているものが，多いですね。

　疑問提示をして，答えを書くという，説明文の基本的なパターンを指導するようになっているのです。

　僕は，「これは」の「これ」に―線を引かせます。この―線を引くということも，１人１人に，適当な長さかどうか，文字の右側に引いているか等を教えていかねばなりません。

　その線から，さらに線を引っ張って，挿絵の「これ」に当たる部分に矢印で示させます。

　指示語の基本的学習ですね。

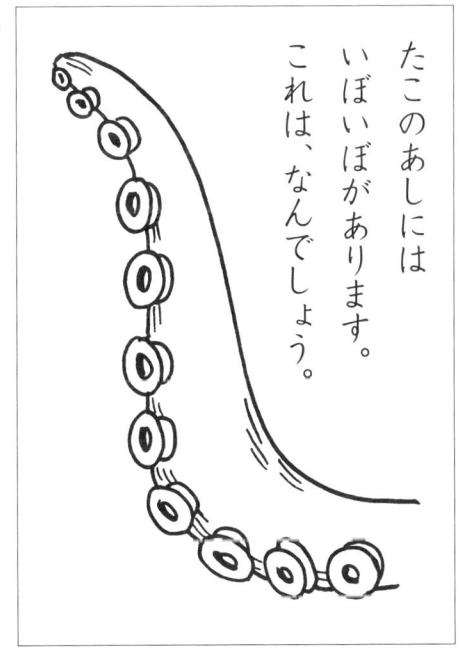

> たこのあしには
> いぼいぼがあります。
> これは、なんでしょう。

●指示語のスタートの具体例

　実際の授業では，このようにしました。これは，光村図書出版の一年「こくご」の「いろいろなくちばし」（現「くちばし」）の授業です。くちばしの写真が示され，そこに「**これは　なんの　くちばし　でしょう。**」という文が書かれています。わずか２行で１ページの構成です。

発問①　P○○○を読みましょう。
【①指さしで１字ずつゆっくり読む。②指さしですらすらと読む。③指をはなしてすらすらと読む。……３回の音読をする。】

発問②　（「するどくとがったくちばし」と板書して，）とがっているのは，写真のどこですか。赤鉛筆で，写真に丸印を付けましょう。

発問③　（「これは，なんのくちばしでしょう。」と板書して，）読みましょう。
【読み方を考えさせる。句点で切ることと，「でしょう」は尋ねる言い方であることを確認する。】

発問④　「これ」に一線を引きましょう。
【少し時間をとって】
「これ」というのは，何かを指さす言葉です。
【実際に教室にある，筆箱や机等いろいろなものを「これ」と言いながら，指さしていく。】
では，ここの「これ」は，何を指さしているのかな。
【前文の「くちばし」と挿絵のくちばしに矢印を引かせて指示語の基本を伝えたい。】

発問⑤　もう一度，P○○○を読みましょう。

　特に説明文では，すらすらと音読できることを目標の１つにしてください。物語文と同じように，指でなぞるところから入って，最後は，全員がすらすらと読めるようにさせましょう。

4　入門期の算数

　入学してきた段階で，1から10までの数を数えることは，ほぼ全員ができます。さまざまな遊びの中で数えるという経験を身に付けているのです。
　中には
「九九が言えるよ。」
「足し算も引き算もできる。」
という子どもたちもいます。
　九九が言えても，足し算ができると言っても，丸覚えしているだけで，数の基本概念は全くできていないという子どもがたくさんいます。
　子どもの言葉に惑わされないで，もっとも基本となる数の概念をきっちりと指導していきましょう。
　先取りしている子どもたちにまどわされないようにしましょう。「知っている」という言葉は，聞き流して授業をすればいいのです。

1年生は，目に見えるものしか，分からない

　それから，1年生は具体的なものでないと，理解することができません。具体物，半具体物などのモノを工夫して，考えさせるということを，忘れてはいけません。
　実物が無理な場合，絵やカード等を活用することです。

　「なかまあつめ」という単元についての指導細案で，実際の授業の例を次に示しましょう。

◆単元「なかまあつめ」
1時　めあて……観点によって，いろいろな仲間の分け方があることを
　　　　　　　　知る。

① 子どもたちの絵のペープサートを10枚，黒板にゆっくり貼って
　いく。

② 発問　この子どもたちを2つにわけたいのですが，どんな分け方
　ができますか。
　　・かばんのあるなし　　　・男の子と女の子　　　・帽子のあるなし
　　・服の色で分けられる。（これは3つだからちがうね。）
　　・怒っている子とそうじゃない子　　　・どっちを向いているか
　　・背の低い子と高い子（基準が曖昧で難）

③　子どもの発表に従って，実際にペープサートを動かして，2つに分けていく。観点によって，いろいろと分けられることを具体的につかませる。

※その後，プリントで数字1・2・3・4・5の練習。

2時　めあて……動かせない絵のとき，半具体物（ブロック等）を使って数えて比べられることを知る。

①　前時のペープサート（左ページ）と全く同じ絵のワークシートを配って，黒板にも拡大したものを貼る。（ポイントは，1枚の絵だと，昨日のように動かせないということ）
②　**発問　きのうは動かせたけど，今日は1枚の絵だから動かせません。どうしたら，2つに仲間分けできますか。**
　　　・ブロックを使うことを教える。黒板の絵にブロックを置いて実演。
③　さんすうランドを出して，ブロックを取り出し，先生と同じようにして，実際に仲間分けをしてみる。
④　2色のブロックを並べることに注意。

（さんすうランドの出し入れに時間がかかることを考えておくこと。1年生は，時間のかかるのが当たり前なのです。）

※プリントで数字6・7・8・9・10の練習。

3時　めあて……物と数の対応。1人について，○やブロックが1つずつ対応することをつかませる。

① （子どもたちと雪だるまの絵を配る）

　　発問　子どもたちは，何人いますか。
　　・4人，5人
（雪だるまを数えることもあるので，子どもではないことを考えさせる。1年生は，ぬいぐるみ等も人間にカウントすることがある。）

② **発問　ワークシートの□の中に，その子ども4人を書きなさい。**
　　・難しいよ。　・書けないよ。　・同じ顔かくの難しいなあ。
　　（同じ顔でなくてもよい，だいたいでよいということで，かかせる。）

③ **発問　ほんとに子どもをそのままかくのは，難しいですね。じゃあ，どうしたらいいかなあ。子どもをそのままかかずに，人間を簡単にしてかいてみましょうか。ワークシートの2つ目の□の中にかいてごらんなさい。（人の略図を書かせる。）**

④　発問　もっと簡単にかけないかなあ。（1人を○で表せばよいことを教えたい。次の□の中に，4人を○でかきこませ，○で表すと簡単にかけることを分からせたい。）

⑤　発問　では，同じようにこれはいくつか考えてみましょう。（と，いろいろなふくろうを10羽描いたワークシートを配る。）
ふくろうは，何羽いるでしょうか。ワークシートの□の中にふくろうをかきましょう。（前のワークシートと同じ事に気づいて，○で表せばよいことに気づくだろう。）

⑥　**数えるとき，こんがらがって分からなくなった人はいますか。どうやったら，ちゃんと数えられるかな。**（ここでは，さらに，数が多いときに，どうやって数えればよいか考えさせたい。）
　・1つ数えたら，線で印を付けたらいい。
　・ブロックをあてたらいい。

⑦　**ふくろうの1つ1つにブロックをおいて，それを並べて10個であることを確かめ，②の□の中に○を10個書き込む。**

このようにして，考えさせながら，進めていきます。

計算で頭に入れておくこと

　1桁の数の合成分解（「7は3と4」「6は1と5」等）が出てきます。反復練習して，徹底的に子どもたちの頭の中に入れなくてはなりません。これが頭に入っていないと，足し算も引き算も，とても時間がかかってしまいます。

　ゲーム化して，遊びながらの反復練習になるように工夫しましょう。例えば，1から9までのカードを4組くらい作って2人1組で配り，裏返して2枚めくって，合わせた数が10になったら，2枚ともカードが取れるという「神経衰弱」ゲームをします。これは，10以外の数字で

もできますから，同じカードでいくらでもゲームが楽しめます。

　また，フラッシュカードで 8は5と？ 9は2と？ というように示して，子どもたちに口で答えることもさせます。
　ありとあらゆる方法を用いて，毎日楽しみながら何度も繰り返して，数の合成分解のパターンを頭に入れていきましょう。この時期にしかできないことです。

　足し算と引き算では，子どもたちはまだ，十分に具体的なイメージがわきません。言葉で書いてある「カエルが3びきいました。そこへ，カエルが2ひきやってきました。合わせて何びきでしょう」ということが，具体的にどうなっていることかを，絵カードなどを使って，実際に動かして目に見せて指導しなければなりません。
　それを見せた後，今度はカエルをおはじきに置き換えてやって見せます。子どもたちも自分でおはじきを操作して，理解していきます。めんどうな手順ですが，こういうステップをていねいに踏んであげないと，分からない子どもたちがいることを考えておきましょう。
　○○が書いてあるからイメージできているだろうというのは，少し甘いとらえ方だと思います。

　また，最初の頃の足し算と引き算は，指を使って計算してもかまいません。最終的には指を使わなくてすむようにしなければなりませんが，入門期では，まだまだ子どもの分かりやすいやり方でしていてもかまわないでしょう。

　それから，言葉をていねいに教えることです。
　足し算に当てはまる言葉は，いろいろあります。

> みんなで　　合わせて　　いっしょにすると
> ぜんぶで　　たすと　　　くわえると

　それらが全て足し算になるということを，具体物を使って操作させながら，1つ1つていねいに指導しましょう。

　引き算では，次のような言葉ですね。

> のこりは　　そのうちいくつ？
> あと……で（　　　）つになります。
> あまりは　　どちらがどれだけ多いでしょう

　これらも1つ1つていねいに教えて，さらに，プリント等で反復練習させていくのです。

先取りに惑わされないこと

　先ほども書きましたが，算数では，塾などで先行学習していることが，目立ちます。国語では，それほど影響はありませんが，算数という教科の特性でしょう。先行学習している子どもと，そうでない子どもとの違いを「差」だととらえないようにしましょう。

　習っていないのがふつうであって，その子たちに焦点を当てて，ていねいな指導をするべきでしょうね。

　そして，「知っている」と自慢する子どもたちが，形だけはできていても，概念的には全く分かっていない場合も多いということも，知っておきましょう。足し算ができるという子どもの中に，10までの合成分解のできない子どもたちもいるものなのです。

5 入門期の体育

(ア) 規律の徹底

　入門期の体育では，まず，きちんと並ぶこと，1年間を通しての体育の時間の準備運動の仕方等を徹底して，教えます。1年生のときの体育の習慣づけが，高学年まで影響していくことがあります。

　始業のチャイムが鳴ったときには，もう整列して待つということは，徹底した方がよいと思います。

　体育の時は，普段よりも，厳しい声でよいのですが，怒ったりどなったりしては，体を楽しく動かすはずの時間が台なしですから，気を付けましょう。

　ウォーミングアップは，3学期くらいには，子どもたちだけでやっていけるようにするということを頭において，あまり複雑でリズムのないものは，避けましょう。

　ていねいに全身をくまなく動かす準備運動をすることですね。

(イ) 神経の発達

　末梢神経の発達というのは，7，8歳でピークに達すると言われます。ですから，1年生の多くは，まさしくその発達の仕上げ段階です。

　この時期に習得した動作は忘れないとも言われます。スポーツにおける動きを見ると，走る，蹴る，投げる，打つ，跳ぶ，泳ぐなどの動作が基本となっています。この時期には，遊びや，運動を通じて，これらの動きをいかに多く体験をさせるかが大事です。敏捷性や，ケガの退避などもこの時期に習得させなければなりません。

　昔は遊びを通して自然と身に付けていたものが，今は幼児期にそういう遊びの足りない子どもが，かなりいると思った方がよいでしょう。

第2章　入門期は，離陸のための滑走期

（ウ）個人差が激しい

　遊びの経験の有無によっても差が大きくなりますが，もっと根本的に子どもたちの差の激しいのが1年生です。3月生まれと4月生まれとでは，ほぼ1年ちがいますが，6歳における1年間の差は，大きいですね。

　ドッジボールなどは，できない子どもがほとんどです。一部の男の子を中心に数人ですね，ちゃんとボールが投げられるのは。昔は多くの男の子がお父さんとキャッチボールをしていましたが，今は，サッカーが多くて，男の子にもボール投げの経験のない子どもがたくさんいます。
　そのサッカーにしても，ボールを一度も蹴ったことのない子どもがいます。
　そうした子どもたちにゲームを持ち込むときは，ちゃんとしたサッカーやドッジボールをしてはいけません。一部のできる子どもたちだけが楽しむ場になってしまいます。

　そこで，ひと工夫が必要になります。
　できない子どももできる子どもも，それなりに楽しめる，体を動かすゲームの工夫がいるのです。
　ユニバーサル・デザイン（文化・言語・国籍の違い，老若男女といった違い，障碍のあるなし，能力の差等を考えずに，等しく学びになる方法）的な発想が必要になるということです。

　例えば，1辺3メートルほどの△を運動場に書き，3対3のチームに分けます。△の中に入ったチームに対して，外側の1辺に1人ずつ立った相手チームがドッ

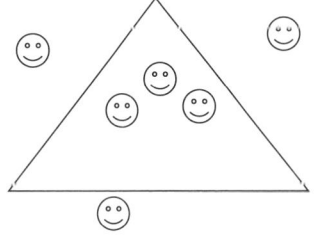

ジボールを転がして，中の子どもに当てます。中の子どもは，逃げるだけで，当たったら，外へ出ます。

　このやり方だと，1人が強くボールを転がしたら，どこかへ行ってしまうし，他の辺の子どもたちも必ずボールを転がせます。1人だけが活躍できないのです。チームでの勝ち負けになって，多くの子どもたちが楽しめます。

（エ）体を動かす喜びを

　いろいろな動きを取り入れて，体を様々に動かしていくようにします。同じ動きばかりにならないように。

　平均台を渡ったり，鉄棒にぶら下がったり，マットでごろごろ転がったりするような活動を取り入れましょう。

　そのとき大事なのは，楽しい活動にすることです。子どもたちは同じ活動をしていても，楽しい言葉で言われるだけで，うれしくなっていきます。

　マット運動では，

「はい。芋虫になるよ。ごろごろ，ごろごろ。」

とか，

「カエルさんになるよ。はい，両手を地面について，『ピョン』って言いながら行きますよ。」

とかいう感じです。

　また，子どもたちのよく知っている音楽を使って踊るように体を動かすことも，よい方法です。今なら，さしずめ「妖怪ウォッチ」でしょうか。そういう音楽に合わせて体を動かすのは，リズム感の養成にも大きく影響するだろうと思います。

（オ）1つ1つ，ていねいに

「真っ直ぐに並びなさい。」

と言われても，何のことか分からない子どもたちがいます。

僕が教師になった30年以上も前には，そんな子どもはいませんでした。幼稚園で，きちんと並ぶように指導されてきたからです。

今は，幼稚園によっては，園児にきちんと並ぶように指導しないところもあります。

先生が

「並びなさい。」

と言っても，何のことか分からない子どもがいると，知っておきましょう。

そして，「きちんと」とはどうすることか，具体的に教えない限り，今の1年生には，分かりません。

例えば，体育館のラインを利用したり，運動場にラインを引いたりして，その線に沿って並ぶということをさせるのです。線に沿って真っ直ぐに並べたら，

「これが，きちんと並ぶことです。」

と，確認します。

その後，一度ばらばらになってから，また，真っ直ぐに並ぶ練習をします。

できるようになったら，線のないところで，先生を先頭にして真っ直ぐに「きちんと」並ぶ練習をします。

ステップを細かくして，1つずつていねいにさせていくことが，1年生には何よりも大事です。

6　入門期の生活指導

　入門期の生活指導は,「学校のルールやマナーの理解と定着」が一番大切です。というか,全てです。
　そのルールやマナーは,ただ黙って守れというのではなく,なぜ守らなければならないかということを,1つ1つていねいに教えます。
「廊下の右側を歩くのは,どうしてだと思いますか?」
「教室で暴れると,どうなりますか?」
「靴箱の靴の並び方を見てごらんなさい。これをどう思いますか?」
「トイレをすませて手を洗わないのは,どういうことか分かりますか?」
というように,1つ1つです。

学校は,安全に安心して暮らすところ
　中でも最優先で真っ先にしなければならないのは,安全指導です。
　お母さんに手を引かれて登校している子どもたちは,いずれ,高学年のお兄ちゃんお姉ちゃんと一緒に来るようにならなければなりません。集団登校のルールというものを徹底して教えなければならないのです。

　さらに気を付けなければならないのは,下校時です。1年生だけで下校していて,子どもが1人になることもあるわけですから,1人で歩くときに気を付けることを指導しなければなりません。

さっさと寄り道しないで歩く
　少々脅かしになってもかまいませんから,寄り道したら,怖いことが起こることを具体的に教えましょう。怪しい人は,さっさと歩いている

子どもよりも，ぼうっとだらだら歩いて寄り道しているような子どもを狙ってくると，教えるのです。
　１年生に
「お母さんが心配するよ。」
と言っても，ぴんとこないのです。それよりも，「こわいんだよ」と脅かす方が効果的です。

知らない人に声をかけられたときの対応の仕方
　子どもたちにとっての「知らない人」って，何でしょうか。いつもすれ違う近所のおじさんは，知っている人でしょうか？　毎朝，新聞を配達してくれる人は，知っている人と呼んでいいのでしょうか？
　知っている人，安心していい人をきちんと教えましょう。それ以外は，残念なことですが，声をかけられてもさっさと通り過ぎるように指導せざるを得ません。
　昨今，子どもたちが犠牲となる悲惨な事件があまりにも多過ぎます。子どもたちの安全のために，僕は，こう指導してきました。
「１年生に道を教えてくれと尋ねる大人は，おかしいと思いなさい。そして，それで教えなくても，不親切ではありません。」
「怖い人は，見るからに危ない人とは限りません。にこにこして，やさしく話しかけてくる危険な人がいるんですよ。」
というような指導をしてきました。
　不審者に関わったら，１年生など，ひとたまりもありません。
　下校路で何かあったらそこに逃げ込めるところも確認しておくことをお薦めします。
　そして，これらは全て，保護者にも伝えて，
「一緒に子どもを守りましょう。」
と，協力を要請します。

帰りにいつもの下校路ではないとき

「初日からの1週間」のところでも述べましたが，おけいこ事や塾などのために，下校コースを変更する場合があります。

必ず保護者から連絡してもらうように，始めに話しておきましょう。通信でも繰り返し，書いた方がよいでしょうね。

1年生は，思い込みが激しいので，勝手に「今日は塾の日だ」とか「今日は友だちの家に遊びに行くんだ」と考えてしまうときがあります。

「絶対にまちがいないんだよ。」

と，泣き叫んだ子どものおうちへ連絡したら，それは，次の日の約束だった，というようなことは，よくあります。

子どもの言葉をそのまま信用してはいけません。これは，「子どもを信じない」というようなこととは，別の次元の話です。

保護者からの連絡がないのに，下校路の変更を子どもが主張したら，必ずそのおうちへ確認をとりましょう。

● 「激しく泣くから立ち直れる」 ●

1年生はジェットコースターのようなものです。ばあっと泣いても，何か納得できたら，けろっとして立ち直ります。

大人には真似のできない早さです。勢いつけて落ち込むから，その反動で立ち直るのも早いということです。

大人は落ち込むときにもブレーキをかけながらだから，そうはいきません。どん底まで落ちたときには，もう，立ち上がる力がなくなってしまうのです。

1年生のパワーのひみつでもあります。

学校での遊び方も教える

　学校の遊び方を知らない子どもがたくさんいます。いろいろな考え方があるでしょうが，僕は，学校での遊びは基本的にだれが加わってもよいものにすることだと思っています。学校は，公の場です。自分の好きな子とだけつきあったり，気に入らない子どもを排除したりすることは，絶対に許されません。(私的になら許されるという意味ではありませんが……。)

　子どもたちには，1年生の最初から，きちんとそういうことを指導しておくべきです。

　安全から言うと，さまざまな遊具の学校での正しく楽しい利用の仕方を教えなければなりません。

　僕は，体育で使い方を教えるまでは，子どもたちにその遊具を使わせませんでした。本来ならば，遊具と言うものは，危険を伴うから成長につながるという意味があるのですが，リスクはできるだけ回避しましょう。指導していないと，事故があったときに責任を問われます。

トラブルは前もって回避

　子どもがケンカしそうになったとき，前もって止めてばかりいたら，子どもたちはかえって成長できません。悪口の言い合いをしたり，小づきあいしたり程度のことは，あった方がいいのです。子どものケンカは昆虫の触覚みたいなもので，それによって，いろいろなことが分かっていくのです。

　しかし，入門期は，学校生活にスムースに溶け込むことが大きな目標です。子どもたちの関係もまだよく分かりません。前年度の申し送りも十分ではありませんし，初めて出会う子どもたちも多いのです。

　トラブルが起きそうなときは，できる限り回避した方がよいでしょう。

7 入門期の道徳

　入門期の道徳は，躾が中心でもよいでしょう。
　まだまだ他者のことをしっかりと考えることはできません。本質的には，自分のことにしか興味はないと思っていた方がよいでしょうね。
　深く人の気持ちを考えたり，ものごとの仕組みを考えたりすることなど，ほとんどできないのです。
　この時期の道徳は，
　「だめなことは，だめ！」
と，言い切って教えることがメインだと思います。

　さらに，1年の子どもたちは，具体的なことしか分かりません。抽象的なことは，理解できないと言ってもよいでしょう。
　例えば，
　「やさしさって，何？」
　「思いやりとは？」
等と言うような課題は，一部の子どもは別にして，まず考えられないものだと認識しましょう。

　そういうことを踏まえて指導するべきです。
　常に目に見えるもの(実物，写真，絵，ビデオ等)を用意して，具体的に教えていくということです。

　そして，今どきの1年生は，基本的な躾のできていない子どもがたくさんいます。家庭や地域社会に，そういう躾の教育力がなくなってきているからです。

道徳の時間に教えないで，どこでそれを教えるのですか。
　躾というと，戦前の教育がどうのこうのと言う方もいらっしゃいますが，日常の最低限のマナーと言い換えると分かりやすいでしょうか。

　給食のとき。
　食べ物をこぼしても，机の上にそのままにしている子どもたちがいます。この子たちは，こぼしたものは，自分で始末するということを知らないのですから，教えてあげなければなりません。
　こぼしたものがあれば，雑巾をとってきてふき取り，その雑巾はゆすいで絞って掛けておくということまで，全部教えます。実際にバケツと雑巾を使って，実演させます。
　嘘みたいな話ですが，そのような手順を全く経験したことのない子どもがいるものですよ。

　落ちているゴミを拾うということでさえ，分かっていません。ゴミは拾ってゴミ箱へ入れるということを，ペープサートや絵等を使って示したり，マナーのビデオを見せたりします。

　挨拶は形だけのものではありません。人を気持ちよくさせるものです。学校で出会った人に，頭を下げて「こんにちは」と挨拶することを指導します。
　挨拶については，あきやまただしさんの絵本『まめうしくんとこんにちは』（PHP研究所）を使いました。

「さあ，まめうしくんといっしょに，いっぱい声を出しましょう！
さいしょは，元気よく『こんにちは』
それでは，みんなもいっしょに，大きな声で
『こんにちは！』」
で始まるこの絵本は，
「こんどは，ちょっとはずかしそうに，むずむずして，
『こんにちは・・・』」
というように，挨拶が状況によっていろいろと変わっていくという楽しい絵本です。
　この絵本を子どもたちと一緒に声に出して読むだけでも，挨拶の指導になります。

絵本は大きな力になる
　『まめうしくんとこんにちは』で絵本を使いましたが，絵本は，ただ読み聞かせするだけで子どもたちに伝わることがたくさんあります。1年生の道徳では，絵本を大いに活用しましょう。

　それについては，第6章で詳しく述べます。

8　夏休み前にしておくこと

　夏休みに入る前にしておかなければならないことがあります。それは，初めての小学生としての夏休みをどう過ごしていくか，という指導です。ご家庭にお伝えする話については，第1章の4項に書きました。今度は，それを子どもたちにどう伝えるのかです。以下，通信(夏休み特集号)を元に解説します。
　□内が指導のポイントです。

すたーと

いちねんせい　つうしん　なつやすみ

●なつやすみの　くらしかた

> 　1つ1つ，ていねいに指導します。小学生としての夏休みだから，幼稚園とは違うところを出さないとね，というような言葉でモチベーションを高めます。

◆はやね，はやおき　しましょう。7じはん　までには，おきましょう。

> 　学校のあるときより，少しだけ遅めの時間設定を考えさせます。自分で自分の生活時間を作るための練習のスタートです。

◆べんきょうは，あさの　すずしい　うちに　しましょう。

> 　「朝，さっさと勉強をすませたら，1日中，気持ちがいいよ。お母さんにも，『勉強したの？！』なんて言われなくてもすむしね」と言います。

◆そとへ　でるときは，こんな　ことに　きを　つけましょう。
  ・こうつう　ルールを　まもる。……じぶんが　じこに　あわないように。
  ・しらない　ひとに　きをつける。……がっこうで　おしえていることと　おなじ。

・こどもたち だけで, とおくの ばしょや ゆうえんち, かわ・うみ・プール などに いかない。
・そとへ でるときは, ぼうしを かぶって いくこと。

> 例年, 子どもが川や用水路等で溺死する事件は後を絶ちません。子どもたちだけで行動することの危険性は, 徹底して教えます。

◆おともだちの うちや, しんせきの おうちなどに いった ときは, かならず
「こんにちは」
おおきな こえで, あいさつ しましょう。

◆プールに はいった とき などは, つめたい のみものを のみすぎない ように。

> 体の外側が熱くなっても, お腹の中は冷たいものだということを, 図や写真を使って教えます。

◆はなびは, かならず おとなと いっしょに すること。

◆ずうっと いえに こもっていると, こころの びょうきに なります。あつくても, そとに でて, からだを うごかし ましょう。
がっこうでは, 2がっきに なると, うんどうかいの すごいれんしゅうが, はじまります。みんな, たくさん はしります。
だから, すこしでも, なつやすみに はしる れんしゅうを しておきましょう。

第2章　入門期は，離陸のための滑走期

> 　多くの学校は秋に運動会です。2学期になると，暑い中でも，運動場での練習が始まります。クーラーの中でだけ生活してきたら，しんどくなることを伝えます。ただし，朝早くか，夕方の涼しい時に動かすようにアドバイスを忘れずに。

◆おてつだいを　しましょう。……なにか　ひとつで　いいから，おうちの　しごとを　させて　もらいましょう。

> 　家族の一員として，家庭で仕事を持つということを考えさせます。ずっとしている子どもも，さらにもう1つ，仕事を引き受けるようにします。家族の手助けになることの喜びとして，とらえさせたいものです。

●なつやすみのしゅくだい
① えにっき……こころに　のこった　ことが　あった　とき，えとぶんで　かきましょう。

> 「さあ，この絵日記をかいておいで」と，手渡すだけでは，質の高い絵日記になりません。同じページをコピーするなりして，学校で2回以上に渡って，絵日記のかき方を指導しましょう。

② けいさんぷりんと（　　）まい……コピー　して，たくさんやっても　かまいません。おうちの　ひとに，こたえあわせをしても

らって，やりなおしもして，だします。

> 僕は，夏休みの宿題は，自己採点でした。でも，1年生は，おうちの方にお願いしました。子どもの実力がよく分かるからです。夏休みが終わってから，子どもの宿題の丸付けを2日くらいかけてしている先生を見かけますが，夏の初めにしたものを9月に返されても，やり直しで力がつくとは，思えません。

③　じゆうけんきゅう……どんなものでも　いいです。こうさくでも，いきものの　かんさつ（あさがおなど）でも，むしを　あつめたり　かったり　するの　でも，かまいません。おうちのひとといっしょに，つくりましょう。

> 昔は，一応，子どもの力ですると言いながら，夏休み工作展で金賞をもらうのは，おうちの人の力作ばかりでした。それなら，始めから，家族で一緒にしようと言った方が，フェアで，意味もあると思います。

④　じぶんの　べんきょう……じぶんで，なにか　べんきょうすることを　きめて，まいにち　やって　みましょう。

⑤　よんで　もらった　ほん……これは，おうちの　ひとへのしゅくだい　です。たくさん，よんで　もらいましょう。

● 2がっきのはじめ
◆始業式（しぎょうしき）　　9がつ1にち　げつようび

第2章　入門期は，離陸のための滑走期

・<u>8じ50ぷん</u>にとうこうします。
・おかえりは，10じ30ぷんごろ。
・ランドセルは，いりません。もってくるものをてさげぶくろなどにいれて，きてください。
・もちもの
　うわぐつ・つうちひょう・しゅくだい・ふでばこ・かみばさみ

> 夏休みの特集号を出して，必ず，2学期の持ち物や登校時刻，下校時刻などを示しましょう。

> ●「水は怖いんだ」●
> 　毎年夏休みになると，水難事故がニュースになります。僕は1年生の夏休みに，一番仲良しだった山本君を亡くしました。川遊びですべって転び，顔が深さ20cmの水につかってあせったため，溺れてしまいました。
> 　新聞にも載りました。葬式で僕は代表して献花しましたが，出棺のとき，お母さんが泣き叫びながら棺にすがりついていた姿を，50年以上たった今でも，忘れたことはありません。
> 　「どんな浅いところでも，水は怖いんだ。」と，子どもたちに言い続けてきました。

第3章
2学期からの学級づくり

1　夏休みに成長する子どもたち

　夏休みを終えて教室に戻ってきた子どもたちは，驚くほど成長しているものです。1学期にはできていなかったことが，いつの間にかできるようになっていることも，よくあります。

　1学期は，大量の新しい情報を頭に流し込まれて，ゆっくりと消化する間もなく，終わってしまいます。それが，夏休みの間に，学校とは離れたところで，少しずつ消化吸収されていくようなものではないかと思っています。僕の6回の経験でも，全てそうでした。

　まず，そのことを頭においておきましょう。

　つまり，2学期のスタートは，1学期と比べて，どのくらい子どもたちが成長しているのかをじっくりと見極めていくことが大切です。

　成長部分を見つけては，直接ほめ，まだ足りないところは改めて教え直す，ということがポイントになります。

2　長い2学期の乗り切り方

　長い2学期は，まず，スタートの乗り切り方が大切です。夏休みに生活リズムが変わってしまった子どもがほとんどです。長い休みの間に崩れたものが，2，3日でとりもどせるはずがありません。しかし，早く学校のリズムに慣れてもらわないと，子どもも先生もしんどくなります。
　慣れていくために，生活ミニチェックをおすすめします。
　生活ミニチェックは，本来，自分自身の生活を見直して自分で生活を建て直していくというのが，目標です。しかし，1年生には，まだまだそんなことはできません。おうちの方に協力していただいて，子どもの生活状態を確かめるようにします。
　点数をつけるのは，ただの目安であって，できていないところを改善すれば，少しでも子どもたちの生活が安定していきます。
　どうしてもおうちの方ができないという事情があれば，朝，先生が子どもと話し合ってつけていけばよいのです。

■生活ミニチェック

> 　3点……いつも　2点……ときどき　1点……ほとんどない
> 　0点……全くなし

　朝，自分から起きようとすることは，生活に積極的に向かうことの表れです。これのできている子どもは，まず心配ありません。同じように，このミニチェックには，「自分から」という言葉がいくつか出てきます。生活を自らよくしていこうとする子どもは，決して崩れていかないものだからです。

	項目	内　　容	月	火	水	木	金
朝	目覚め	自分から起きられた（3）　起こしてもらってすぐ起きた（2）なかなか起きられなかった（1）					
	歯みがき洗面	自分からした（3）　言われてした（2）　しなかった（0）					
	排泄	朝出た（3）一日の間に出た（2）出なかった（0）					
帰ってきて	宿題	帰ってすぐに自分からした（3）言われて，した（2）なかなかしなかった（1）					
	荷物	ランドセルやかばんを自分からしまった（3）言われてすぐにしまった（2）なかなかしまわなかった（1）					
夜	食事	しっかり食べた（3） 少し残した（2）					
	読書	30分以上した（3）少し読んだ（2）全く読まなかった（0）					
就寝		10時までに寝た（3）11時頃に寝た（2）11時過ぎに寝た（1）					
家族との挨拶		お早うとお休みなさいをした（3）少しは挨拶をした（2）全くしなかった（0）					
合　計							
			総計				

3 本格的な学級づくりへ

2学期は，クラスというものを強く意識させていく時期です。もちろん1学期からクラスは存在しています。ここが子どもたちのホームだと伝えています。

でも，1学期の子どもたちは，まだまだ自分のことで手一杯なのです。1人1人が学校に慣れていくことが最優先だったのです。2学期からは，徐々に学級として考えさせていきましょう。

そのための手立ては，いくらでもあります。教師の学級づくりの考え方や学校の目標，地域の実態によって，全て手立ても違ってきますから，これがベストというものは，ありません。ここでは，僕が以前にある1年生でとった手立てを，そのまま示したいと思います。

●目　標
　共感的に受け止め合えるクラスに育つ。
　◎そのための手立て
　①　構成的グループエンカウンターを計画的に取り入れる。（2学期が勝負。4ヵ月限定で計画を立てる。）

　②　マイ・スター
　　　先生と子どもたちが「マイスター」(僕の造語で，ドイツの認定職人のマイスターと「私の星（スター）」という意味をかけている)だと認める行為をした子どもの名前を，☆カードに書き，教室に掲示する。
　　・セルフエスティーム(自己肯定感)を持つために，自分で自分

を認める。
・先生やクラスの仲間が認める。
・努力や人のために役立つなどの，意味のあることを認めることで，充実感や喜びを持たせる。
・1人1人を目に見える形で認める。

③　心を受け止めたり，友だちをあるがままに認めたりする教材の精選。
・読み聞かせするときに，意図的に心を動かす絵本や読み物を選ぶ。
・子どもを勇気づける教材を選ぶ。
・人のために自分が努力したり献身的な精神の美しさを語る話を選ぶ。

※その年に選んだ本。

▼『きつねのおきゃくさま』あまんきみこ ▼『ふたりはきょうも』アーノルド・ローベル ▼『ゆうたくんちのいばりいぬ』きたやまようこ	9月
▼『白いウサギと黒いウサギ』ガース・ウイリアムズ ▼『ラチとライオン』マレーク・ベロニカ ▼『おまえ，うまそうだな』	10月
▼『こんにちはバネッサ』マージョリー・シャーマット ▼『猫の事務所』宮沢賢治 ▼『ともだちやシリーズ』全5巻　　内田麟太郎	11月
▼『ぽちぽちいこか』マイク・セーラー ▼『もぐらとずぼん』ペチシカ	12月

第3章　2学期からの学級づくり

④　文集の活用
　・1人1人の思いをクラスに伝えていく。……子どものすてきな姿や子どもの本当の思いなど，おうちでは分かりにくいことを伝えることで，保護者に側面から子どもたちを支えてもらう。

⑤　ふわふわちゃんとちくちくくん
　　これは，アドラー心理学の応用として，昔から実践されている方法。
　・人にやさしい言葉は「ふわふわちゃん」，人に厳しく辛い言葉は「ちくちくくん」。それらを，自分の体験から思い出して，みんなで考え合う。
　・「ふわふわちゃん」を教室で増やしていくことで，人にやさしい言葉を知り，積極的に使おうとする子どもを育てる。

⑥　ミラーリング・コミュニケーション
　　グループ・エンカウンターの1つの手法。2人1組で，嫌なことや辛かったこと，うれしかったことなどを1人が1つ語る。
　　話し手は，「いつ・どんなときに・何が・どうだったか・どんな思いだったか」を語る。
　　聞き手は，笑顔で相手の目を見て，うなずきながら聞く。そして，ゆっくりと「……だったのね」「……だったんだね」と，同じ事を復唱して「……ね」をつけて，繰り返す。

⑦　グループ分け，席替えの工夫。
　・ともかくまんべんなく子どもたちが混ざっていくように。
　・2週間に一度グループをかえて席替え。

・全くのくじびき。

※なお，グループエンカウンターやソーシャル・スキルなどの子どもたちの関係作りの手法については，『構成的グループエンカウンター ミニエクササイズ56選 小学校版』（八巻寛治著，明治図書）『忙しい先生のための ミニワークショップ12ヵ月』（八巻寛治著，学事出版）等を参考にしてください。

4 リセットすべきこと，継続すべきこと

　夏休みの間に，ふり返っておかなければならないことがあります。1学期の手立てのふり返りと，ルールのふり返りです。
　そこで，リセットしなければならないことと，継続していくべきこととを，はっきりさせます。

◆子ども1人1人に対するふり返り
　子どもの1人1人を記録しているのがあれば一番よいのですが，1学期はそんな余裕もないかも知れません。せめて，2学期までに1人1人を思い起こして，その子の1学期はどんなものだったのか，自分のしてきたことがどうだったのか，これからどういう手立てを考えていけばよいのか，ということをふり返りましょう。
　僕のふり返りの実例を紹介します。

Aさん
　少しゆっくりしていて，しゃべり方もつまり気味である。クラスで浮いていて，いじめに近い状況にある。上の学年のお兄ちゃんの影響で上級生に意地悪されることもあった。おっとりしているように見えるため，しっかりものの女の子から，「ぐず」と言われたり，一緒に遊んであげ

ないなどの目にあったりしていた。このことが僕の耳に入ってきたのは学期末で，十分に手を出せないまま終わってしまった。情けないことである。

　授業中の様子を見ていると，図形の動かし方など，他の子どもよりも優れた面をいくつも持っているようだ。食事もさっさとすませて，配布の手伝いをしてくれたりする。しかし，こうした点がみんなに認められるようには至っていない。子どもたちの多くは，ゆっくりのんびりした子だと思っている。なので，何か言ってもちゃんと聞いてもらえないことが見られた。

　1学期は，僕がこの子の言葉を真剣に聞き，それを信じて対応してきた。「先生はちゃんと聞く」というところまでが，精一杯だった。

　2学期は，改めて，子どもたちにこの子の良さを理解してもらうために，いろいろと考えていきたい。

◆学級としてのふり返り

　これも，僕のふり返りの実例を示します。

- ●もう少し上の学年だと，トラブルこそチャンスだから，トラブルを取り上げてそれをクラスに広げて考えさせる方法が必要である。しかし，1年生は，まだまだ他の子どもたちのことを十分に考える事はできない。自分を振り返って反省することも，苦手である。この子たちには，共感的にものを受け止めることの心地よさを感じとることの方が，自然に入っていくのではないだろうか。

- ●1年生は，いつも前を向いて歩いている。「・・・がいけない。」「・・・はだめだ。」という否定的なメッセージでは育たない。クラスの仲間たちといつも前向きに何かを一緒に取り組んでいく。

いつも，ポジティブな考え方のメッセージを送る。そうすることで，クラスとしてこなれると共に，のびやかな生活がうまれてくるだろう。

● これまでの経験から，2学期の始めの1年生は，1学期の終わりよりもぐんと成長してくる。夏休みの間に，1学期に学校で学んだいろいろなことを消化してくるようなところがある。リスタートにあたっては，どの子どもがどれだけ成長してきたかを見極めていかなければならない。

　そして，2学期には，子どもたちが自分たちでできることを，徐々に増やしていくことが必要です。
　例えば，体育の時間のウォーミングアップです。1学期の指導において，「3学期には自分たちでできるように複雑でないものを……」と述べましたが，2学期は，子どもたちを前に立たせて，先生も一緒に子どもたちの指示で体操するようにしていきます。途中から，子どもたちに全権をゆだねるためのステップです。

5　行事を成長の糧にする

　2学期は何と言っても行事の学期です。学校によっては，運動会，学習発表会と立て続けのところもあります。大遠足もあるでしょう。長いスパンでとらえていくことです。

運動会
　最近は6月運動会実施の学校も多いので，その場合は，入門期と重なります。でも，基本的には，秋の運動会と考え方は同じです。
　初めての運動会となれば，1年生には全てのことが真新しく，あらゆるものが学びになっていきます。
　例えば，帽子取りをさせたら，自分の帽子を取られても，また被り直して人の帽子を取りにいく子どもが出てきます。赤組なのに赤い帽子を取る子どももいます。ルールを知らなかったり，ルールを守るという感覚に欠けていたりするからです。
　一度説明したくらいでは，浸透しません。説明して，実際にやってみて，途中でルール違反が出たら，ストップさせて，その場で
　「これはいけないんだよ。」
と，指導します。
　帽子取りだけでなく，全ての競技において，この発想で臨むべきなのです。

また，他の学年に迷惑をかけたくない。ちゃんとした姿を見てもらいたい。という気持ちが担任に強くなりすぎると，運動会の練習が常に子どもを叱っている場になりかねません。
　どの学年でも，運動会が終了した11月頃から，学級崩壊の危険性がピークになってきます。それは，運動会の練習にも１つの要因があります。子どもたちをがんがん叱って，体育会系のノリで乗り切らせようとするあまり，反動がくるのです。
　問題は，集団行動の多い場面で，子どもたちが思うように動いてくれないときですね。どうしてもどなりたくなります。そんなことしなくても，子どもたちを動かしていく技術を身に付けていかなくてはいけません。子どもとの関係を壊してまで，子どもたちを見かけだけちゃんとさせることに，意味はありません。
　一瞬の大声はいいですが，それは子どもを攻撃するためではなく，子どもに気づかせるためだと心得ましょう。そして，必ず，その後の対話とフォローを忘れないことですね。

　また，運動会の練習の影響で生活リズムがくるい，遅刻なし，片づけはきちんと……などといった，生活習慣ルールがいい加減になりがちです。それで，運動会が終わったとたんにちゃんとしていこうと思ったら，子どもたちはもう崩れかかってしまっている，ということがあります。
　どちらも，１年生に限定した話ではありませんが，１年生でも気を付けておかなければいけないことです。

　暑いから，子どもたちが疲れているから，教師も疲れているから……と，教師が生活のルールで手をゆるめると，後で学級が崩れやすくなることを，頭においておきましょう。

第3章　2学期からの学級づくり

文化的行事

　音楽会や学習発表会などの文化的な行事でも，体育会系のノリで指導する先生を見かけることがあります。

　こういうものは，「みんなでいいものを作っていこう」という子どものモチベーションが大事なのです。子どもたちと共に作っていく感覚でいきましょう。

　文化系の行事では，ふだんの指導が大きく出てきます。その場だけ子どもを叱っても，何も育ちません。

　声を出すということだけでも，ふだんから毎日正しい発声発音の練習をしていなければならないということを頭において，特別な練習だけで子どもたちをなんとかしようと思わないことです。

> ●行事でくずれがちなルール
> ① 遅刻をしない
> 　　（時間を守る）
> ② ロッカーや机の整理整頓
> ③ 教室のよごれ

　1年生です。あらゆることが初めての経験なのですから，全てのことを1つ1つていねいに時間をかけて，教えていきましょう。

　ここでも，運動会と同じことが言えます。練習があるからと，日常の生活ルールを崩さないようにします。特に，音楽室，講堂等の場所の移動では，遅刻することのないように気を付けましょう。

◆遠足，校外学習

　電車などの乗り物，特に公共交通機関を利用するときがあります。今どきの1年生たちには，これまで自家用車で移動することの多い子どもが増えてきました。従って，全く公共の乗り物を利用するマナーを知らない子どもがいると思った方がいいと思います。

　そして，1年生という学年は，突然，何をするか読みにくいところが

あります。乗り物での移動には，細心の注意が必要です。
　必ず，出発の前から，少しずつ時間をとって，具体的に乗り物利用のときのマナーやルールをていねいに教えましょう。
　出発当日の朝に初めてそういう話をすることのないようにしましょう。

●「ほっ」とする子たち……通信から●
　先週，全校の子どもたちに「心に花を咲かせる」話をしました。
　「１ついいことをすると，心に１つ花が咲く。その感じは君たち自身も感じたことがあると思う。誰かにいいことをしたとき，心がほわっといい感じになったことはないかな。それが，心に花が咲いたときの感じだよ。
　この心の花は，かれてしまうこともある。人に意地悪をしたり，いじめたり，だましたり，そんな心を汚すようなことをすると，心の土が腐って，花がかれてしまうんだよ。……」
　１週間たったときです。
　うちのクラスは，きょうで７日連続，全員が宿題をきちんと提出していて，１人も忘れていません。
　「すごいね。立派なことだよ。でも，明日誰かが忘れたからといって，その子に『お前のせいで続かなかった。』なんて言ったらだめだよ。」
　と言うと，「そんなことしたら，心の花がかれちゃうよ。」
　という言葉が返ってきました。僕の話したことを，生活の中で使おうとする子どもが，たくさんいるのです。

第4章
2学期からの授業づくり

　2学期からは，いよいよ本格的な授業づくりに入ります。話し合い学習など，子どもたちが自分で考えていくための土壌づくりを少しずつしていきましょう。

　例えば，隣同士でちょっと相談するような時間をとるだけで，子どもたちは大きく変わってくるものです。

　何人かで話し合いをすることも入れていけばよいでしょう。ただし，その話し合いの仕方をきちんと教えることを忘れないでください。

　先生が授業を全て取り仕切っていたところから，子どもたちだけでできることは，少しずつ，子どもたち主体に変えていきましょう。

　係活動もこのころから取り組んでよいと思いますが，初めは，2週間ごとに係が交代していくような工夫をして，全員が全ての係を体験できるようにしていきましょう。その子にしてもらった方が便利だからと，特定の子どもたちに重要な仕事をずっとさせていると，学級に格差が生まれます。

1　国語の基礎体力をつくる

音読は全ての学習の基本

　まずは，やっぱり音読です。毎時間，市販の「音読集」を使って，音読しましょう。声を出すという楽しさを味わわせることです。ですから，叱りながらの指導は厳禁です。
　1人では大きな声の出しにくい子どもでも，みんなと一緒の一斉読みなら，声が出せます。みんなと声をそろえながら，口を縦に開けるということを繰り返し指導しましょう。

　長文を読むということも，この時期からは考えましょう。教科書の文章だけでは，圧倒的に活字に触れる機会が少なすぎます。1年生のレベルの長文を用意して，子どもたちに音読させましょう。音読すると，意味の解っていない子どもはすぐに分かります。正しく音読できる子どもは，ある程度，文の内容が理解できている子どもです。
　ただ正確に読むだけでも，1年生にとっては，読解と同じなのだと考えましょう。

　また，1年生の段階では，「**順序よく**」読むということが，大きなキーワードです。
　①　書いてある順序通りに
　②　あちこち飛ばずに，「こうだったから，こんな結果になった」という物事の順序通りに
　③　「この次に，そうなった。そのあと，こうなった……」というように，時間的な順序通りに
そうしたことを考えながら読むということです。

2　書くことの喜びを感じさせる

　書くことは，いろいろな意味があります。
　特に1年生では，書くことの最初の段階なのだから，
「書くって，楽しいなあ。」
という実感を持たせるように指導しましょう。
　喜びを感じさせるには，まず，書くことが人とのやり取り(コミュニケーション)なのだと理解させましょう。子どもの書いたものに対して，先生が読んでコメントを書きます。子どもは，そのコメントを読んで，うれしくなります。それが基本です。
　国語の授業で，何かにつけて短く思いを書き表す時間をとります。そして，そのワークシートやノートを集めて，先生が1人1人にコメントをつけるのです。自分の書いたことに対して，何か先生が書いて返してくれるということは，子どもにとって，とても大きな書くモチベーションになっていくものです。
　1年生では，複雑な丸付けや大きなテストもなく，宿題のチェックだって大したことありません。子どもの書いたものに誠実にコメントを返す時間は，いくらでもあるはずです。
　この1つ1つのコメントが，子どもたちを育てていくのだと認識して，子どもたちに言葉で伝えてあげましょう。

ぜひ，書写を取り入れましょう

　次に，1年生では，まだまだ自分の思ったことを自由に書き表すことはできないことを心得ておきましょう。
　一部の進んだ子どもたちはすらすらと書けることがあるかも知れませんが，多くの子どもたちは，短い文を少しだけ書くのが精いっぱいです。

書写を通じて，文章を書くという行為に慣れさせましょう。教科書だけでなく，毎日，少しずつ文章を書き写すことで，書くということの練習をさせることになります。

3　算数の授業で考えておくこと

　2学期に入ったら，最初は1学期に学習した10の合成分解や，10までの足し算引き算を毎日，復習で反復練習します。そこで，子どもたちの習熟度も把握するようにします。

　繰り上がり，繰り下がりという，子どもたちにとっては，ハードルの高い単元が出てきますので，そこに向けての準備でもあるのです。

　2学期の算数においては，その2つが全てと言ってもよいでしょう。10を超える数から始まって，「ふえたり　へったり」というような単元で3つの数の簡単な加減計算を練習してから，繰り上がりの足し算。続いて，繰り下がりの引き算へと入っていきます。この力をつけてあげられるかどうかが，算数学習の大きな分かれ目ともなっていきます。

計算の徹底反復

　繰り上がり繰り下がりは，子どもたちの引っかかりやすいところです。うまく乗り切らせてあげないと，この先の算数の数領域において，全て困ってしまいます。とても重要なところです。

　僕は，徹底して反復練習させました。教科書や問題集だけでは，とてもとても練習量が足りません。1000を超える量の計算をこなしていきました。それくらいしないと，全ての子どもたちに定着していくものではありません。

　ただ，繰り上がりの足し算と引き算というのは，それぞれ，36個ずつしかありません。考え方を変えれば，たったそれだけの数です。覚え

第4章 2学期からの授業づくり

てしまうことも，それほど難しいことではないのです。
　おうちの方にも，そのことを説明して，できればフォローしてもらいましょう。ただし，あくまで，学校の授業時間にたくさんの計算をこなすという基本線は崩さないように。

● 繰り上がりのある足し算は，この36個だけです。

2 + 9
3 + 9　3 + 8
4 + 9　4 + 8　4 + 7
5 + 9　5 + 8　5 + 7　5 + 6
6 + 9　6 + 8　6 + 7　6 + 6　6 + 5
7 + 9　7 + 8　7 + 7　7 + 6　7 + 5　7 + 4
8 + 9　8 + 8　8 + 7　8 + 6　8 + 5　8 + 4　8 + 3
9 + 9　9 + 8　9 + 7　9 + 6　9 + 5　9 + 4　9 + 3　9 + 2

● 繰り下がりのある引き算は，この36個だけです。

11 − 2　12 − 3　13 − 4　14 − 5　15 − 6　16 − 7　17 − 9　18 − 9
11 − 3　12 − 4　13 − 5　14 − 6　15 − 7　16 − 8　17 − 8
11 − 4　12 − 5　13 − 6　14 − 7　15 − 8　16 − 9
11 − 5　12 − 6　13 − 7　14 − 8　15 − 9
11 − 6　12 − 7　13 − 8　14 − 9
11 − 7　12 − 8　13 − 9
11 − 8　12 − 9
11 − 9

※これだけのものを，式を見た瞬間に答えが浮かんでくるようになるまで，反復です。

4　書く授業

国語「じゅんじょよく　かこう」

　1年生では，順序よくということが，読み取りでも書くことでも出てきます。順序には前述のように，いろいろとありますが，物事の順序を表す時には，「はじめに……」「つぎに……」「それから……」「さいごに……」というような言葉で文頭をスタートさせます。

　具体的実践例をあげましょう。

① 　段ボール箱を用意して「箱の中には，何が入っているでしょうか」と，たずねます。箱の中には，子どもたちが興味を持ちそうなもので，ジャンルの違うものを4つ入れておきます。

② 　原稿用紙を渡して，題名「先生のはこの中」と書かせてから，2行目に名前を書いて，
「たが先生が，はこをもってきました。」
と，書かせます。

③ 　原稿用紙に，「はじめに，」と書かせて，妖怪ウォッチのキャラクターを箱から取り出します。(最初は，インパクトが強くて子どもたちがのりやすいものを。)

④ 　「はじめに」の続きは子どもたちに自由に書かせます。

⑤ 　同じように，「つぎに，」「それから，」「さいごに」と行を変えて書かせてから，次々と箱からバナナ，スプーン，国語辞典などを取り出して，子どもたちに続いて書かせます。

⑥ 　最後を書き終わったら，次の行に，今，思ったことを書かせます。
　※こうすれば，子どもたちが順序よく文章を書くトレーニングになります。

5 冬休みのくらし

　冬休みに入る前も，夏休みと同じように事前指導をしましょう。短い休みですが，さまざまな楽しい行事があり，節目となる正月もあります。日本の伝統的な行事についての理解を深める機会にもなるでしょう。

　保護者にも，冬休みにどういうふうに子どもをくらさせたらよいのか分からない方がいらっしゃるものです。学校から指針を示すことは，保護者にとっても助かることであり，学校への信頼にもつながっていきます。

　保護者へ向けた通信の例を示しましょう。

| 92回生　　1年通信　　　　12月10日 |

■　心に残る冬休みを

◆**行事の多い短い休みです。**

　どうしても食べ過ぎたりして，体調をくずしがちです。どこかで，生活にめりはりをつけていくように指導してください。

　クリスマス，お正月などの行事を，どこかで手作りの楽しみ方でしてみるのもいいですね。ホテルのクリスマスもいいですが，家族で心の通い合いになってこそのクリスマスではないでしょうか。

◆**お手伝いをさせましょう。**

　大掃除などで，年末には自分の生活している所を片づけさせることを，ぜひ，させてください。お父さんお母さんと一緒に掃除をする楽しさを味わわせてください。

◆**本を読んであげましょう。**

　絵本を中心にたくさん読んであげてください。読んでから，子どもに読ませましょう。

◆挨拶をしっかりと
　低学年の内に挨拶をきちんとする習慣を身に付けておくと，そのまま上の学年で礼儀正しい子どもに育ちやすいです。お正月など，ふだん顔を合わさない親類や知人と出会う機会が多くなります。ちゃんとした挨拶の練習には，うってつけのチャンスです。
　気持ちよい挨拶のできる子どもに育てましょう。

◆冬の学習
　宿題は，子供用の通信に書いてあります。
　① たしざん・ひきざん(繰り上がり下がり)の練習をしっかり。速くできる子どもの中に，正確さが欠けてきた子どもが出てきています。
　② 音読の練習をさせてください。音読視写プリントを宿題にしています。1回で音読が終わるのではなく，すらすら読めるまで何回も読ませましょう。
　ただし，やりすぎて音読が苦痛にならないように。

●続いて，子どもたちに向けた通信です。夏休み前にもしたように，数日前から，事前指導をしていきます。

92回生　1年通信　　　　　　　12月16日
ふゆ休みのくらしかた
◆はやね，はやおきをしましょう。7じはんまでには，おきましょう。
◆ごちそうや　そとでたべるしょくじが　おおくなるのが，ふゆ休み。ちょうしにのってたべすぎないように，きをつけましょう。

第4章　2学期からの授業づくり

> 冬休みは,どうしても食べ過ぎてしまう事が多く,それで体調を崩します。家庭で考えるべきことではありますが,子どもたちには指導しておきましょう。

◆べんきょうは,あさのうちにしましょう。ふゆは,よるにいそがしいですよ。どうしても,ねるのが,おそくなることがありますずるずるとあさねぼうしてしまわないようにしましょう。

◆そとへでるときは,こんなことにきをつけましょう。
・こうつうルールをまもる。……じぶんがじこにあわないように。
・しらないひとにきをつける。……学校でおしえていることとおなじ。
・こどもたちだけで,とおくのばしょやゆうえんち,ゲームセンターなどにいかない。
・ふゆは,すぐにくらくなります。じかんにきをつけましょう。
ずうっといえにこもっていると,こころのびょうきになります。「こたつがめ」(こたつにもぐりこんで,亀のように首だけ出している状態)にならないように。

> ◆夏とは違って暗くなるということは,意識させましょう。やはり,暗くなると,事故にあったり,危険に遭遇したりする確率は高くなりますから。

◆おてつだいをしましょう。……なにかひとつでいいから,おうちのしごとをさせてもらいましょう。とくに,ふゆ休みは,大そうじなど,1年のいえのよごれをおとして,きれいにかたづけると

きです。きみたちも，かぞくの一人として，いえをきれいにしましょう。きみたちが1年生になって，こんなにおうちの人を手だすけできるようになったんだ，というところを，ぜひ，見せてあげてください。

> ◆大そうじをする家庭が多いはずです。自分たちが役に立つんだというところを見せようと，アドバイスしましょう。3学期にもどってきたときに，どうだったかたずねてもいいですね。

● ふゆやすみのしゅくだい
① 音読ししゃプリント ……【　】まい
② けいさんプリント（　）まい……コピーしてもらって，たくさんしてもかまいません。おうちの人に，こたえあわせをしてもらって，やりなおしもして，だします。
③ ウインタースキル……おうちの人に，こたえあわせをしてもらって，やりなおしもして，だします。
④ あのねちょう……ふゆやすみにいちばんこころにのこったことを，ひとつだけ，くわしく，かきましょう。
⑤ えいご……アルファベットと名前をかくれんしゅうをノートにしてください。

かきぞめのれんしゅう……4まい。正月になってから，かきましょう。おうちでコピーして，もっとたくさんれんしゅうしてもいいですよ。

第5章
3学期の1年生

　1年生もこの時期に入ると，もうかなり学校というシステムに慣れてきます。緊張もなくなってきて，子ども同士のトラブルも増えてきます。これまでとは少しちがって，複雑なトラブルも見えてきます。単純に悪さをするということではなく，ごまかしたり，人のせいにしたりすることも増えてきます。

　この時期では，それでもまだ，いじめや差別のような深刻なことは少ないのです。でも，そういうよくない芽が少しずつ出始めるころでもあります。

　芽は，早めに根こそぎ摘み取ってしまいましょう。上の学年にいけばいくほど，芽が育って悪質になってしまうことがありますから。

　また，3学期は，どの学年おいてもまとめの学期です。1年生で身に付けるべき基礎基本の力を再確認していきます。

　さらに，子どもたちが自分たちでできる活動を増やしていくことで，主体的に生活を作っていったり，学習に取り組んだりできるように指導していく時期でもあります。

　まさしく，テイク・オフに入るのです。

1　基礎学力の確認と定着

　ここまで漢字の指導については，あまり詳しく触れてきませんでしたが，1年生はそれほど複雑な漢字もなく，数も多くありません。3学期の途中からは，復習を徹底しましょう。学校で漢字の練習をする時間を5分ずつでもいいからとって，ミニテストを繰り返します。そうすると，どの子もちょっとがんばれば100点をとることが可能です。子どもたちにがんばって結果が得られたという成功体験をたくさんさせてあげましょう。下記のようなプリントで練習すればよいでしょう。

一年　漢字のまとめ【1】	一年　漢字のまとめ【1】
一、大きな犬	一、おおきないぬ
二、山のふもとに田がある。	二、やまのふもとにたがある。
三、木をきるな。	三、きをきるな。
四、白いじどう車にのる。	四、しろいじどうしゃにのる。
五、青い空	五、あおいそら
六、右どなりをみる。	六、みぎどなりをみる。
七、火山が火をふく。	七、かざんがひをふく。
八、木のはがちる。	八、きのはがちる。
九、五日か六日かかる。	九、いつかかむいかかかる。
十、この子は、まい子だ。	十、このこは、まいごだ。

※左側を音読した後，右側を漢字まじりで書いて練習します。
※僕は，これらを<u>漢字ビンゴ</u>にして，遊びながら2回練習してミニテストを繰り返していました。詳しくは，巻末に載せています。

第5章　3学期の1年生

　算数の計算については，次のようなプリントで，毎日繰り返しました。これは学校での計算プリントで，これに加えて「算数宿題プリント」もしていましたから，1週間に約200問。3学期だけで1000問は超えていただろうと思います。

けいさんマスタープリント　　No．22

　　なまえ（　　　　　　　　）
　　　かかった時間（　　　）ふん（　　　）びょう

※くりあがりと，くりさがりがまざっています。たすのかひくのかをしっかりと見てからやりましょう。2ふんでできればごうかくです。みなおしもわすれずに。

(1)　11 − 6 =　　　　(11)　6 + 8 =
(2)　12 − 3 =　　　　(12)　16 − 8 =
(3)　9 + 3 =　　　　　(13)　8 + 6 =
(4)　11 − 8 =　　　　(14)　15 − 8 =
(5)　8 + 8 =　　　　　(15)　5 + 6 =
(6)　2 + 9 =　　　　　(16)　8 + 3 =
(7)　8 + 5 =　　　　　(17)　14 − 6 =
(8)　12 − 9 =　　　　(18)　15 − 7 =
(9)　9 + 9 =　　　　　(19)　8 + 3 =
(10)　13 − 5 =　　　　(20)　14 − 9 =

2　話し合いの活動を取り入れる

学習の中に，話し合い活動を取り入れていきましょう。

先生と子どもたちとのやりとりだけではなく，自分たちで話し合っていく最初のステップを作ります。

1年生には，まだまだ話し合ってまとめていくという活動はできません。何も考えずに話し合いをさせると，一部の子どもたちだけがリーダーシップを発揮して思うようにしてしまったり，けんかばかりで話し合いにならなかったりします。

「手びき」を作って，その通りに子どもたちが話し合いを進めていくようにするといいですよ。

教えないことは分からないのですから，話し合いの仕方も具体的に練習させるということです。

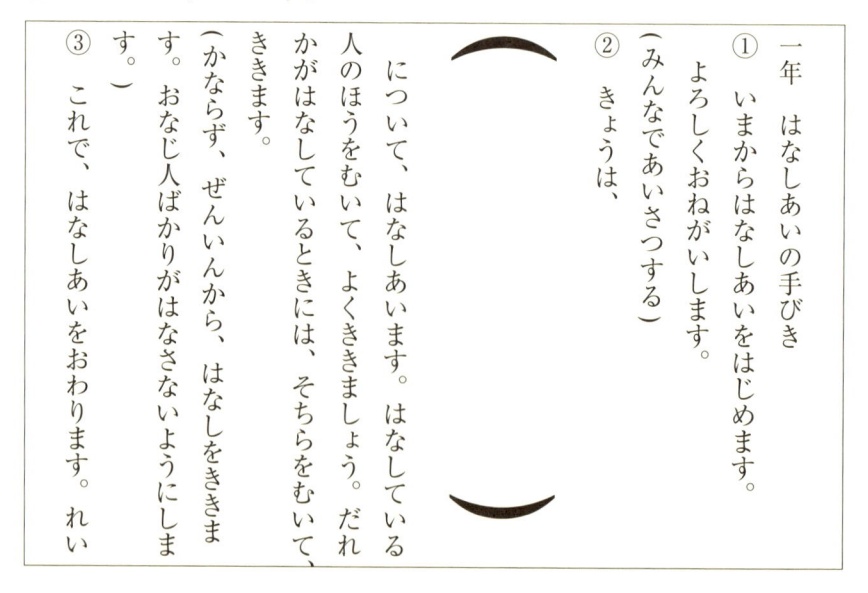

一年　はなしあいの手びき

① いまからはなしあいをはじめます。よろしくおねがいします。

② きょうは、
（みんなであいさつする）
について、はなしあいます。はなしている人のほうをむいて、よくききましょう。だれかがはなしているときには、そちらをむいて、ききます。
（かならず、ぜんいんから、はなしをききます。おなじ人ばかりがはなさないようにします。）

③ これで、はなしあいをおわります。れい

これは，その話し合いの司会者を決めて，その子に渡す手びきです。最初はこの程度の簡単なことでいいのです。形を覚えるのが，目的ですから。

　けれども，必ず，全員が一度は司会者になるようにしていきます。

　また，話し合ったことを発表する係りも決めて，これも，順に回していきます。

3　徐々に子ども中心へ

　1年生は，はっきり言って教師主導です。協同学習的なものを初めから取り入れる方もおられますが，僕は反対です。1年生というものの特性を考えれば，教師主導でいかないと，何も教わらないままに育ってしまうという危険性があります。

　それでも，3学期には，子どもたちに手渡していかないといけないことがあります。いつまでも教師主導だけではいけないのです。

　2学期に徐々に部分的に子どもたち中心の活動を取り入れてきたら，3学期は，完全に子どもたちに委ねた活動を仕組んでいきます。そこで失敗してもいいのです。失敗して，再チャレンジさせていくことで，子どもたちは成長します。

　例えば，グループづくりです。生活グループをつくって学級の仕事を分担していきます。そこでのトラブルは，まず班長を中心に考えさせて解決を目指させます。何でも先生に言いつけに来るのではなく，自分たちで話し合って考えさせるのです。

　また，クラス会議を開いて，自分たちで話し合って学級をつくっていくのだという機運を高めていきます。ちゃんとできなくてもいい。まずは，やってみること。そういうムードをつくることが，このときの教師の役割です。

4　3学期の授業例

　3学期になると，子どもたちは「比べる」という考え方が，かなりできるようになってきます。

◆説明文で比べさせる

　「比べる」というのは，物事を理解していく上でとても重要な技術です。国語の授業で，その力をつけていくための第一歩を踏み出します。
　比べることのうち，相違点を比べるのが「対比」，類似点を比べるのが，「類比」です。この時期の子どもたちには「くらべる」という言い方で統一すればよいのですが，比べるためには，並べて見せることが必要です。
　そのために，板書を工夫したり，表を用いたりするわけです。

　「どうぶつの　赤ちゃん」(光村図書出版一年「こくご」)という教材文で実際の授業を説明しましょう。この文章は，しまうまとライオンの赤ちゃんという，生まれたときの様子から，姿形やその後の成長の様子などが全く違うものを比べて書いています。
　ここには，その比べたときの授業の展開と板書を示します。そこまでの時間は，しまうまとライオンのそれぞれについて，すらすらと読めるまで音読したり，書写して文章に馴れ親しんだりしながら，5時間かけて詳しく読み取ってきています。

◎目標

　ライオンとしまうまの赤ちゃんについて，書かれたことをもとにしてお母さんと比べる。

◎展開

※全文を通読した後

発問　【ライオンの赤ちゃんの生まれたばかりのようすを書いたところを音読してから】

きょうは，ライオンの赤ちゃんとしまうまの赤ちゃんをお母さんと比べます。まず，ライオンの赤ちゃんの生まれたばかりのようすを，ワークシートに書きましょう。

※ワークシートは，巻末の資料②を参照。

【一度学習したことなので，書くことには，それほど時間はかかりません。】

発問　ワークシートに書いたことを発表しましょう。

【模造紙(板書)にまとめて書きながら，どのくらいなのかを確認していきます。例えば，「小さい，子ねこぐらいの大きさ」という言葉から，どのくらいの小ささなのかを体で表現させます。案外，子ねこくらいの大きさがイメージできない子どもは多いものです。「生まれたときの」という表現をおさえて，10センチ程度だということを確かめます。

また，それぞれの項目について】

発問　お母さんは，どうでしょうか。

【とたずねて挿絵を見ながら考えさせていきます。それを，板書で対比していくのです。】

※発表したときの板書(僕は模造紙に書きました。)

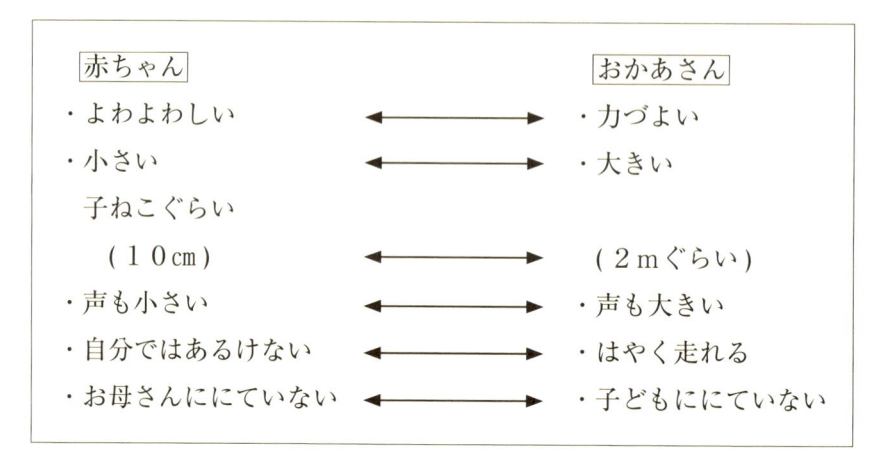

```
 赤ちゃん                      おかあさん
・よわよわしい     ←——→    ・力づよい
・小さい          ←——→    ・大きい
 子ねこぐらい
  (10㎝)       ←——→     (2mぐらい)
・声も小さい      ←——→    ・声も大きい
・自分ではあるけない ←——→    ・はやく走れる
・お母さんににていない ←——→   ・子どもににていない
```

　続いて，しまうまのあかちゃんについても，同じようにして比べます。今度は，お母さんにそっくりなのだということを確かめていきます。これは類比にあたるわけです。

◎その次の時間から，今度は，赤ちゃん同士を比べていきます。その次の時間には，大きくなる様子の比較をしていきます。さら，発展教材として載っているカンガルーの赤ちゃんとも，比べていきます。最後には，「自分たち人間はどうなのかな」と言って，人間の赤ちゃんとも比較することで，比べ方を身近なもので学ばせていきます。
　巻末のワークシートには，結果を書きこんでいますので，参考にしてください。
　そして，最後に，表を見ながら，どうしてそのような違いが出るのかを考えさせます。1年生には少し難しいテーマなので，「動物には，襲う側と襲われる側がある」ことは先生が教えます。

5 テイク・オフへのアドバイス

　いよいよ1年間大切に育ててきた子どもたちとのお別れというときは，気持ちよく別れてあげましょう。1年生はインプリンティング（刷り込み現象）のようなもので，いつまでも慕ってくれる子どもがたくさんいますが，次の学年の先生に大切にしてもらうために，先生が替わっても前向きになれるという方向性を示してあげましょう。
　僕はこう言います。

　「1年間，楽しかったねえ。先生はみなさんといられて，とっても幸せでした。ありがとう。これでお別れになるのは残念だけど，2年生になったら，新しい先生と出会って，そこで君たちのよいところを一杯見せてください。
　楽しみにしています。」

第6章
学級教育に絵本を活用する

　学級でのいろいろな教育に，絵本を読み聞かせすることで対応していくことができます。
　ただ絵本を選んで読み聞かせするだけです。それだけで，子どもたちは落ち着き，笑顔になり，先生の言葉に聞き入るようになります。
　絵本は万能とまでは言いませんが，かなり有効なアイテムになるのは，まちがいありません。

　なぜ，絵本なのでしょうか。
　どうして絵本が大切なのか，なぜ本が人を育て，癒し，慰めるものとなるのか，という話です。

♪簡潔に完結。
　絵本は，だいたい，短いものです。どんなに長くても15分を超えるものは，めったにありません。速いものは，5分ほどで完結しています。だから，短い時間でメッセージを届けやすいのです。

♪自分だけの対話ができる。
　絵本は自分だけの世界です。我々は本を読みながら，
「うん，そう。僕もそう思う」とか「私の体験と同じね」とか「なんでそんなことするの」などと，本と対話しているのです。

本を読んでいる時間は，本と話をしている時間です。もっと言うと，実は，自分自身と対話している時間なんですよ。自分を振り返って見つめ直したり，何かアイデアをもらったりできるものです。

♪とてつもなく広い世界。
　絵本は，ありとあらゆる世界を描いています。その可能性は，無限です。子どもたちは，絵本の世界にひたりながら，宇宙へも飛んでいけるし，怪獣と闘うことも出来ます。お母さんになってみたり，大怪獣にもなったりできちゃいます。
　絵本の世界は無限です。

♪絵と言葉で力をくれる。
　絵本はいいですよ。時には自分の悩みを分かってくれる友達になってくれます。自分が共感できる本に出会ったら，友人にめぐり合えたような気がします。
　師匠にもなります。自分が迷っているときに出会えた絵本が，背中を押してくれたり，死ぬほど辛い気持ちをすくってくれたりも，します。

　絵本が力を与えることもお分かりいただけたでしょうか。

1　読み聞かせの時間を確保する

読み聞かせにもいろいろな方法があります。子どもたちと一緒になって絵本を楽しむという読み聞かせもあります。対話型の読み聞かせです。

　『とんとんとん　だれですか』（はやしますみ著，岩崎書店）
　窓に，お化けのようなおどろおどろしいものの影が映ります。

「とんとんとん　だれですかー」

と読んで間を空けると，子どもたちはなんだろうとぶつぶつ言い始めます。

「怪獣だ」「お化けだよ」と，想像した怪物のことを言い出します。

ところが1枚めくると，そこには楽しそうな動物たちと楽器が現れます。

また，「とんとんとん　だれですかー」と，今度はもっと怪しそうな骸骨のような影が映って，子どもたちはさっきの絵を元にいろいろと考えて語ります。

このようにして，子どもたちと対話しながら絵本を読んでいくことができるのです。

2　おうちの方にも

それから，通信で本を紹介して，おうちの方に読み聞かせを広めましょう。

次ページに僕が通信に書いた絵本の紹介を載せます。

読み聞かせについてさらに詳しく知りたければ，拙著『一冊の本が学級を変える』や桜田恵美子さんの『絵本で素敵な学級づくり・授業づくり』（ともに黎明書房）を読んでください。

◆アーノルド・ローベルの絵本　文化出版局
どれも片手に持って読める本で，子どもの親しみやすい装丁です。
▼『ふたりはいっしょ』『ふたりはいつも』
『ふたりはきょうも』『ふたりはともだち』
がまくんとかえるくんのシリーズ。僕は『なくしたボタン』が好きです。これを読むとがまくんのすばらしさが分かります。
▼『どろんここぶた』……ローベルは子どもの心をよく理解しているように思えます。どろんこに沈んでゆく楽しさは，どの子どもも持っているものですね。
▼『ぼくのおじさん』……お父さんが行方不明になったぞうの子どものところに，やさしいおじさんがやってきます。ラストは，感動的です。
▼『ふくろうくん』……たあいもないことにこだわるのが子どもです。ふくろうくんは，ばかなことをするのだけど，子どもたちは好きなのです。どこか，自分たちと共通したものを感じるのでしょうか。
▼『きりぎりすくん』……これも，ユーモラスな絵と語りが楽しい本です。
▼『ハバードおばさんといぬ』……マザーグースのローベル絵本。
▼『とうさん　おはなしして』……ねずみの子どもにお父さんが語らされる（？）お話。
▼『かえってきたさけ』『たつのおとしご』……これらは，自然科学の読み物です。子どもたちにやさしい絵でいろいろな知識を教えてくれます。

3 1年生 絵本歳時記（11ヵ月に選ぶ絵本）

1年生の1年間の，月毎の僕のオススメの本たちを紹介します。

[4月]

● 『サリーのこけももつみ』
　　（ロバート・マックロスキー文・絵，石井桃子訳，岩波書店）

　こけももつみに行ったサリーと，熊の子どもの楽しいお話です。
　2人が出会って楽しくお話した，というような内容ではありません。
　丘の頂上をはさんで，サリーと子熊。お互いの後ろには，お母さんと母熊。どちらも相手に気づかずに，こけももつみに夢中です。
　おやおや，こんなことしてたら，出会っちゃうよ。というニアミスや先行きの想像の楽しさがこの絵本にはあります。
　母熊と子熊。お母さんとサリー。この比較がとても楽しくて，ほのぼのとした情感をかもしだしています。

　古典と呼ばれる絵本ですが，50年以上も人気のおとろえない絵本は，それだけの子どもたちを惹きつけてやまない魅力があるということです。

　ところで，こけももって何でしょうか。このお話ができた頃には，日本人にこけももを食べる人は少なかったのですが，今は，ほとんどの人が子どもの頃から口にしていますね。
　正解は，ブルーベリーです。

第6章　学級教育に絵本を活用する

5月

● 『やぁ！　出会えたね　ダンゴムシ』
(今森光彦文・写真，アリス館)

　今森さんの写真絵本はほかにも何冊かあります。いずれも，虫たちを楽しく眺めています。

　今森さんは，とても優しく生き物をみているということが，写真からも伝わってきます。

　子どもたちは，小さな虫たちの世界が，こんなにカラフルで，わくわくするものだと，絵本を通じて知るでしょう。

　また，小さな生き物にも，生活があり，一生懸命生きているのだということが，写真を通じて伝わってきます。

　1年生にも虫博士がいますが，やっぱり，虫を見つめる目が，優しいですね。

　この他にも，今森さんは，たくさんの写真絵本を出しています。子どもたちと虫の視点で楽しんでください。

『どきどきしぜん　だれだかわかるかい？―むしのかお（かがくのとも傑作集）』
『やあ！　出会えたね　クモ』
『やあ！　出会えたね　テントウムシ』
『世界のクワガタムシ』

　写真集についているエッセイは，子どもにはちょっと読み切れません。大人が読んでも，楽しいものです。

　「こんなこと書いてるんだよ。」
と，子どもに応じた言葉に言い換えて，語ってあげてください。

6月

● 『おじさんのかさ』

(佐野洋子作・絵，講談社)

　私的なことですが，高校のときの友人になかなか面白い男がいました。先生が前に立って話をしてもだれも聞いていないのに，この男が生徒会の代表として話し始めると，全員が聞き入ってしまうのです。
　ある雨の日，傘を手に持ってささずにあるいているので，どうしたのかとたずねると，「傘さしたら，傘がぬれるやんか」と，まじめな顔をして答えました。

　このお話を読むときには，いつもその男の顔が浮かんでしまいます。このおじさんも傘をさすのがもったいなくて，雨がふっても人の傘におじゃましたり，傘を持って雨宿りしたりするのです。
　そんな日，不思議な2人の子どもの歌に心が動かされます。
　「雨がふったら，ぴっしゃんしゃん。」
　この楽しいフレーズに誘われて，ついにおじさんも傘を開いてしまうのです。
　かたくなな人の心も，こんなふうにしてゆるんでいくのかも知れませんね。
　子どもたちもこのフレーズにのって，にこにこしながら「ぴっしゃんしゃん」と歌っていきます。子どもたちと対話的な読み聞かせが自然と生まれる，優れた絵本だと思います。

7月

● 『どろんこハリー』
　　　（ジーン・ジオン文，マーガレット・ブロイ・グレアム絵，
　　　渡辺茂男訳，福音館書店）

　名作中の名作。絵本の定番と言っていいのが，この作品です。
　ハリーは黒いぶちの白い犬。お風呂が大きらい。
　家族はハリーをお風呂に入れることについて相談を始めました。でも，ハリーは裏庭におふろブラシを隠し，おうちを飛び出してしまいました。
　外に出たハリーは，思いっきり遊びます。その結果，彼はまさしく「どろんこハリー」になってしまうのです。
　家に帰ってきたハリーを待っていたのは，家族が自分のことを分かってくれないということでした。
　「こんな白いぶちの黒い犬は知らないよ。」
　いろんなことをして自分だと分かってもらおうとするハリー。かわいい姿に子どもたちは，きっと自分自身を見ることでしょう。
　ハリーの遊び好きで，いたずら好きで，家族に逆らう姿。それこそが，子どもの本当の姿です。
　ハリーを見ていると，そんな気がしてきます。

　この本が子どもたちに受けたら，ぜひ，『うみべのハリー』『ハリーのセーター』と，続けて読んでみてください。

9月

● 『ジオジオのかんむり』

(岸田衿子作，中谷 千代子絵，福音館書店)

　ジオジオは，百獣の王ライオンです。動物たちが，みなおそれています。
　でも，とても年をとりました。目も，だんだんと見えなくなってきました。
　強くて勇ましいものも，年をとれば，寂しくなっていくものです。
　しかし，強い者には強い者なりに，寂しさを簡単に表現できないような辛いところがあるのです。
　そんなジオジオに，素直に接してくる小鳥の姿が，ジオジオの癒しになっていきます。
　冠が小鳥の巣になり，ジオジオと小鳥の静かな温かい交流が始まります。その交流の静けさが，読んでいるものの心も癒します。
　優れた絵本は，子どもにも大切な「何か」を与えるし，読んでいる大人にも人生の深さや温かさを伝えてくれます。
　この本を読み聞かせしたら，子どもたちの表情がとても軟らかくて優しいものに変わります。こういう絵本を読んでもらっていたら，心がすさむなんてことは，ないでしょうね。

　まず，自分がじっくりと読んでから，読み聞かせてあげてください。中谷千代子さんの絵が，なかなかいいです。

10月

● 『わすれんぼ・ちびくん』
　　　　（マイク・ギビー作，バーバラ・ナッシムベーニー絵，
　　　　　くどうなおこ訳，小学館）

　ちびいぬくんは，わすれんぼ。
　ある日，自分の名前までころっと忘れてしまいます。まちじゅうをかけまわって，自分の名前を探します。
　不思議なのは，友だちの名前はちゃんと知っているのに，自分の名前を思い出せないことです。
　みんなも，ちびくんのことをくわしく知っているくせに，名前だけが，でてこないのです。
　ちびくんの捜索は，まるで自分探しの旅のようです。

　実は，最初子どもたちに読み聞かせするときには，きっと見つけられないでしょうが，この絵本には，よくよく見ていると，気が付くことがあります。
　だれかさんが，ずうっとちびくんを見守っているのです。
　最後まで読んだら，子どもたちも見つけられることと思います。
　読んでもらった後，自分で発見する。そんな楽しみもある絵本です。
　絵本の読み方で，2度読みというのがあるのですが。2回目は，子どもたちにもちびくんを見守るものの存在が分かっていますから，
　「あっ，あそこにいるよ。」
　「見つけた。」
と，絵の世界を楽しんでいきます。

11月

● 『ジャムねこさん』
　　　　　　（松谷みよ子作，渡辺享子絵，にっけん教育出版社）

　かわいい，かわいいお話です。これを子どもに読み聞かせた後，子どもたちに読んでもらってください。
　「ぼく，ジャムパンじゃありませんですよう。」
というところなど，子どもの声で読んでもらうと，大人の心が安らぐようなところがあります。
　ぜひ，聞いてみてください。
　この話は，「ももちゃんとプー」の中のお話として出てきます。
　それ以外に単独の絵本として出ています。
　主人公のジャムは同じですが，内容は少し違っています。

　真っ白な食パンの上にぬったあんずのジャムのような子ネコは，おばあさんのところから，逃げてきます。
　目が不自由になってきたおばあさんが，間違って食べてしまいそうになったからです。
　この，ジャムねこの純粋でかわいいこと。そして，とっても素直でいい子です。
この素直なよさに，ちょっと親に逆らいたくなってきている子どもも，影響受けるかも知れませんね。

　この絵本に引き続いて，絵本ではない『モモちゃんとプー』の単行本を，読み聞かせしてあげましょう。プーたちの姿を想像して楽しんでくれると思います。

第6章　学級教育に絵本を活用する

12月

● 『子うさぎましろのおはなし』
　　　　　　　　（佐々木 たづ文，三好碩也絵，ポプラ社）

　あなたの好きな絵本をいくつか教えてくださいと言われたら，僕は必ずあげるでしょうね，この本を。
　それぐらい僕はこの絵本が好きなのです。
　何と言うか，このお話のやさしさ，ましろのかわいさがすてきなのです。誰でもかけそうな絵なのに，この味わいはまねできません。

　お話は，クリスマスの日。こうさぎのましろは，サンタさんにうそをついてしまいます。
　どの子でも，ちょっとしてしまいそうな簡単なうそでした。ここには，1年生の子どもたちは，きっと共感することでしょう。「あっ，わたしもいっしょだ」と。
　でも，ましろは，そのために，大変な目にあってしまうのです。
　というと，とても苦しい場面があるのかというと，全くそんなどきどきしたシーンはありません。
　このお話には，強い毒はありません。全体を流れるのは，静かで白く小さなかわいいイメージなのです。
　読み終えたら，なんだか，とても優しくていい気持ちにさせられます。
　何度読んでも，いつもしずかな感動をくれます。そういう本です。

1月

● 『うきうきしたら』
　　　（ジェズ・オールバラ作・絵，たがきょうこ訳，徳間書店）

　読んだら元気が出てくる，大人も子どもも。そういう絵本がいいですね。
　『ぎゅっ』を知っていますか。オールバラのかいた絵本です。原題は『HUG』です。
　チンパンジーの子どもが求めていたものは……というお話ですが，赤ちゃんが生まれたおうちに，僕はよくプレゼントします。
　そのオールバラの5歳から小学生の子どもに向けたあたたかい絵本がこれです。

　こいぬのシドは，なんだかうきうきしてきました。うきうきしてくると，ふわり，足が地面をはなれて
「あれれ，ぼく，うかんでる。」
となってしまいます。そのときのこいぬのシドの姿のかわいさと自由さ。
　子どもたちも，うきうき，ふわふわした気持ちになっていきます。
　でも，友だちは信じてくれません。
　みんなから責められているシドの姿に，子どもたちはなんだか暗くなっていきます。
「いぬは，とべないんだって。」
と言ったシドに，おとうさんは……。

　最後のおとうさんの姿に納得した子どもたちは，拍手喝采です。

第6章 学級教育に絵本を活用する

2月

● 『おにはうち！』

(中川ひろたか文，村上康成絵)

　節分の頃になると，鬼の絵本がたくさん本屋に並びます。
　楽しい鬼の絵本を見つけました。
　「におくん」という男の子が幼稚園の子どもたちと野球をしました。抜群の運動神経で大活躍のにおくんでした。
　ちょっとしたアクシデントがあったとき，におくんは，ナイスプレイで園長先生を救うのです。しかし，感激した園長先生がにおくんを抱きしめたとき，帽子から，頭についている例のものが見えてしまうのです。
　その後，豆まきをするというので，におくんは，どこかへ行ってしまいます。
　園長先生の豆まきは，
　「おにはそとー，いいおにはうちー。」
でした。
　優しい園長先生。におくんは，また，子どもたちと一緒に遊び始めました。
　だいたい，「おにはそとー」って，すごい自分勝手な考え方だと思いませんか。
　この頃の鬼の本は，怖い悪い鬼だけではなくて，優しい鬼・かわいい鬼・情けない鬼などがたくさんでてくるようになりました。
　人を見るときに，多様な見方があるのだということを，示しているのです。

3月

● 『ぼくにげちゃうよ』
　　（マーガレット・W・ブラウン文，クレメント・ハード絵，
　　岩田みみ訳，ほるぷ出版）

　10年以上前，1年の光村図書出版の教科書の最後の教材として，このお話が載っていました。
　「おかあさんが・・・になるのなら，ぼくは，＊＊＊になって，にげちゃうよ。」
　「お前が＊＊＊になるのなら，お母さんは▽▽▽になって，おまえをつかまえますよ。」
　「おかあさんが▽▽▽になるのなら，ぼくは，○○○になって，にげちゃうよ。」

　このようなうさぎの親子の会話の，決まったパターンの繰り返しが面白い絵本です。
　子どもは，いつもお母さんから逃げ出したい。でも，追いかけてほしい。
　そういう子どもの心理を，本当に上手にとらえた，素敵な絵本です。
　最後の結末にたどりついたとき，子どもたちはきっと，ほっとした落ち着いた思いに浸ることができるでしょう。

　この本は，ぜひ，お母さんにも読み聞かせを薦めてほしいですね。

おわりに

　「1年生を担任している時，一番気が楽。いつも帰ってきたときの表情が他の学年と全然違うから。」
　家内がよく僕に言っていた言葉です。
　1年生を担任していると，毎日が楽しくて楽しくて，
　「ほんと，子どもっていいよなあ。」
という気持ちにさせられます。
　若い先生たちには，
　「絶対に1年生の担任を経験した方がいい。自分がどうして小学校の教師になったのかを，改めて思い出させてくれるよ。」
と話しています。
　それぐらい，1年生って，すばらしいのです。その1年生を6回も担任できた僕は，倖せな教師人生だったのではないかと，改めて思います。

　確かに，「小1プロブレム」等というような問題もあります。1年生から学級崩壊というのも，あります。
　けれども，1年生は，小学校の中で一番心が真っさらです。まだしっかりとできあがっていない，幼いぷにょぷにょの顔なのに，一生懸命に生きている，そういう存在なのです。
　その子たちをあずかることの責任と楽しさは，何にも代えがたい，教師としての至福の時間なのです。

　1年生を担任する先生たちには，真っ白なキャンバスに描いていくよ

うな,そんな素晴らしさを十分に味わってほしい,その思いでこの本を書きました。

　この本では,教科書の指導書通りに授業をしてもそれほど困らないことについては,特に書いていません。国語の授業例が多くなったのは,僕が各地の学校を回っているときに,
「やっぱり,国語の授業をどうしたらいいのか分からない。」
という声をたくさん聞くからです。

　この本が,1年生を受け持つ先生方の手助けになってほしいなあと,願っています。

　いつもいつも,僕のわがままに付き合ってくださって,この本を世に送り出してくださった黎明書房の武馬久仁裕さんに,編集で細かくチェックしてくださった佐藤さんに,感謝をこめて。

　そして,僕の担任したかわいいかわいい1年生たちに,ありがとうの思いをこめて。

　　　　　　　　　　　　　　　　　　　　　　　多賀一郎

◆ 資料① 漢字の総復習

一年　漢字のまとめ　①	一年　漢字のまとめ　②	一年　漢字のまとめ　③
一、大きな犬	一、しば犬をかう。	一、手がみを出す。
二、山のふもとに田がある。	二、天までとどけ。	二、女子と男子がいる。
三、木をきるな。	三、サッカー大かい	三、しょくいんしつに出入りはできません。
四、白いじどう車にのる。	四、水田にこめができた。	四、文をかくときは口にチャック。
五、青い空	五、早おきで空気をすう。	五、左右をよく見て。
六、右どなりをみる。	六、正しいことをしろ。	六、すこし休けいしよう。
七、火山が火をふく。	七、お金が足りない。	七、糸を上手につむぐ。
八、木のはがちる。	八、山がまっ白だ。	八、一月一日、月よう日。
九、五日か六日かかる。	九、夕がたは、くらいよ。	九、下をむいてくらすな。
十、この子は、まい子だ。	十、名まえは一生ついてくるものだ。	十、気もちでがんばろう。

一年　漢字のまとめ　④	一年　漢字のまとめ　⑤	一年　漢字のまとめ　⑥
一、村からとおくにすむ人	一、音をたてないように。	一、大金もちになる。
二、土の上に水をまく。	二、学しゅうをしよう。	二、空きかんをリサイクル
三、小がたの虫を大はっ見	三、九人の女の子	三、小学校になれました。
四、目玉おやじの手はどこから出てるかな。	四、川を下るのはつらい。	四、水どうの水をのむ。
五、出ぱつするぞ。	五、はこの中が空っぽだ。	五、まっ赤な夕日
六、名しを見せる。	六、小さな車があるよ。	六、先生は男せいだ。
七、山を下りる。	七、それをいわれると耳がいたい。	七、千ばづるをおった。
八、早ちょうマラソン。	八、王さま、出かけよう。	八、かれはなかなか立ぱな人だ。
九、赤かて白かて。	九、さっと立ち上がる。	九、竹林から月を見た。
十、お年玉をもらった。	十、まっ先にたべるなよ。	十、犬の川はきれいだね。

一年 漢字のまとめ ⑦	一年 漢字のまとめ ⑧	一年 漢字のまとめ ⑨
一、正月にもちをたべる。 二、村ちょうさんがこん虫をかった。 三、大金をはらった。 四、おもい出ができた。 五、こ年の目ひょうは、早くすることです。 六、七日目にやってきた。 七、川上から出た。 八、女王が文しょうをまとめる。 九、だっ出する力がいる。 十、五百円玉	一、川を上る。 二、お年よりを大せつにしよう。 三、虫の音がきこえる。 四、中学校にいく。 五、町を見ぶつする。 六、土足きんし 七、正しい字をかこう。 八、日本赤十字しゃ 九、雨やどりする。 十、きょうりゅうのか石。	一、先とうをあるこう。 二、王子さまの出てくる本 三、立ち入りきんし 四、かい力のきょじん 五、貝がらをひろった。 六、この青年のいうことはあてにならない。 七、草げんのライオン 八、遠足は雨天中し 九、赤い花が十本ある。 十、上きゅう生
一年 漢字のまとめ ⑩	一年 漢字のまとめ ⑪	
一、ど力が足りないよ。 二、森林でくらすゴリラ 三、生水はあぶないよ。 四、あおい空を円ばんがとんだ。 五、たこの足は八本 六、十日で草をたべる。 七、王さまの耳はロバの耳 八、本日はいい天気だ。 九、花だんをつくる。 十、人力ひこうき	一、大雨がふる。 二、小さい赤ちゃん 三、空中でばくはつした。 四、まん足する。 五、森の中にネコがいる。 六、石をなげるな。 七、ちょっと本気になる。 八、大学に入学した。 九、入り口はどこかな。 十、音がくはたのしい。	

◆ 資料②

「漢字ビンゴ」

① 20個の漢字・熟語のフラッシュカードを示して全員で読む。
② 子どもたちに下記のシートを配り，左のマスの中に1つ，①〜⑳の熟語か漢字をランダムに書き込ませる。
③ ていねいに書かないとビンゴとして認めないと伝える。
④ フラッシュカードをシャッフルして，縦・横・斜めでビンゴを競う。

1年漢字ビンゴNo.（　）名前【　　　】

① 日本　② 川上　③ 大雨　④ 空中　⑤ 入り口
⑥ 目玉　⑦ 竹林　⑧ 左右　⑨ 水田　⑩ 気もち
⑪ 火山　⑫ 赤い　⑬ 貝　⑭ 七日目　⑮ 女王
⑯ ど力　⑰ 円ばん　⑱ 先生　⑲ 月見　⑳ 男

◆資料③ 「どうぶつの赤ちゃん」ワークシート

	大きくなるようす	生まれたばかりのようす	
つよいから	・1年ぐらいたつと、とり方をおぼえる ・おかあさんのとったえものをたべる ・2ヵ月はおちち	・子ねこぐらい ・目や耳はとじたまま ・よわよわしい ・おかあさんににていない ・じぶんではあるけない	ライオン
よわいから	・8日目には、ひとりでたべる。 ・じぶんでくさもたべる ・7日だけおちち	・やぎぐらい ・目はあいていて、耳はぴんと立っている ・おかあさんにそっくり ・つぎの日には走る	しまうま
とってもつよいから	・そのあとは、じぶんでくさをたべる ・六ヵ月はおちちだけ	・うじ虫くらい ・目も耳もどこにあるのかわからない ・おかあさんににていない ・おなかにはい上がって、ふくろに入る	カンガルー
			人間

■　参考文献

・『ひと』編集委員会編『ことばあそびの授業』太郎次郎社。
・白井勇著『読みとり指導』明治図書。
・伊藤友宣著『しつける』金子書房。
・宮川俊彦著『子どもの言葉をふやす』草土文化。
・小崎勝・西君子編著『発達をとらえた児童理解とその指導　1・2年』教育出版。

著者紹介
多賀一郎

　神戸大学附属住吉小学校を経て，私立甲南小学校に 31 年勤務。現在，追手門学院小学校講師。元日本私立小学校連合会国語部全国委員長。元西日本私立小学校連合会国語部代表委員。国語研究会「東風の会」所属。
　若い先生を育てる活動に尽力。公私立の小学校・幼稚園などで講座・講演などを行ったり，親塾や「本の会」など，保護者教育にも，力を入れている。
ホームページ：「多賀マークの教室日記」http://www.taga169.com/
著書：『子どもの心をゆさぶる多賀一郎の国語の授業の作り方』『教室で家庭でめっちゃ楽しく学べる国語のネタ63』（共著）『全員を聞く子どもにする教室の作り方』『今どきの子どもはこう受け止めるんやで！』『一冊の本が学級を変える』『教室からの声を聞け』（共著）『一流教師が読み解く　教師力アップ！　堀裕嗣・渾身のツイート30』（共著）（以上，黎明書房）
『ヒドゥンカリキュラム入門』『これであなたもマイスター！　国語発問づくり10のルール』『学級担任のための「伝わる」話し方』（以上，明治図書）

今どきの1年生まるごと引き受けます

2014年11月1日　初版発行

著　者	多　賀　一　郎
発行者	武　馬　久仁裕
印　刷	株式会社　太洋社
製　本	株式会社　太洋社

発行所　　　　　株式会社　黎明書房

〒460-0002　名古屋市中区丸の内 3-6-27　EBS ビル
☎052-962-3045　FAX 052-951-9065　振替・00880-1-59001
〒101-0047　東京連絡所・千代田区内神田 1-4-9　松苗ビル4F
☎03-3268-3470

落丁本・乱丁本はお取替します。　　　ISBN978-4-654-01909-0
Ⓒ I. Taga 2014, Printed in Japan
日本音楽著作権協会(出)許諾第1412336-401号承認済

多賀一郎著　　　　　　　　　　　　　　四六判・157頁　1700円
今どきの子どもはこう受け止めるんやで！
親と先生へ伝えたいこと

子どもは信頼できる大人に受け止めてもらえるのを待っています。今どきの子どもを理解し，受け止めるには，ちょっと視点を変えればいいのです。

多賀一郎著　　　　　　　　　　　　　　A5判・147頁　1900円
全員を聞く子どもにする教室の作り方

人の話をきちっと聞けないクラスは，学級崩壊の危険度が高いクラスです。反対に人の話を聞けるクラスにすれば，学級も授業も飛躍的によくなります。聞く子どもの育て方を，具体的に順序だてて初めて紹介した本。

多賀一郎著　　　　　　　　　　　　　　A5判・134頁　1700円
子どもの心をゆさぶる多賀一郎の国語の授業の作り方

教育の達人に学ぶ①　達人教師が，子どもの目がきらきら輝く教材研究の仕方や，発問，板書の仕方などを詳述。また，学級で困っていることに対して大きな力を発揮する，本を使った学級教育のあり方も紹介。

多賀一郎・中村健一著　　　　　　　　　B6判・96頁　1300円
教室で家庭でめっちゃ楽しく学べる国語のネタ63

教師のための携帯ブックス⑪　楽しく国語の基礎学力を養うことができるクイズ，ちょっとした話，アニマシオンによる「本が好きになる手立て」などを満載。ひらがな暗号／お笑い五・七・五／パロディことわざ／他

多賀一郎著　　　　　　　　　　　　　　A5判・138頁　2100円
一冊の本が学級を変える
クラス全員が成長する「本の教育」の進め方

本の力を活かす「読み聞かせ」のノウハウや，子どもを本好きにするレシピ，子どもの心を育む本の選び方などを紹介した初めての「本の教育」の本。

桜田恵美子著　多賀一郎先生推薦　　　　A5判・136頁　2100円
絵本で素敵な学級づくり・授業づくり

学級開きに読む絵本や各教科に興味をもたせる絵本，行事にあわせた絵本など小学校で役立つ絵本100余を効果的に使うためのメソッドを紹介。絵本の力で，学級づくりを円滑に進めることができます。

多賀一郎・石川晋著　　　　　　　　　　A5判上製・153頁　2200円
教室からの声を聞け

西と北の実力派教師が，子どもの声を聞き理想の教室をつくる道筋を，子どもの本音を聞き取る方法，いじめや体罰，2人が長年続けてきた読み聞かせ等について語り合う中で明らかにする。現場教師必読の対談と論考。

表示価格は本体価格です。別途消費税がかかります。

■ホームページでは，新刊案内など，小社刊行物の詳細な情報を提供しております。「総合目録」もダウンロードできます。http://www.reimei-shobo.com/

中村健一編著　　　　　　　　　　　　　　　B5判・87頁　1900円
担任必携！　学級づくり作戦ノート
学級づくりを成功させるポイントは最初の1ヵ月！　例を見て書き込むだけで，最初の1ヵ月を必ず成功させる作戦が誰でも立てられます。作戦ノートさえあれば，学級担任のつくりたいクラスにすることができます。

中村健一編著　　　　　　　　　　　　　　四六判・155頁　1600円
学級担任に絶対必要な「フォロー」の技術
今どきの子どもを的確に動かす「フォロー」の技術を公開。子どもに安心感を与える対応や評価（フォロー）で伸び伸びと力を発揮できる子どもに。教室でトラブルを起こす子にも効果的に対応できる新しい教育技術です。

中村健一編著　　　　　　　　　　　　　　　A5判・127頁　1700円
子どもが大喜びで先生もうれしい！　学校のはじめとおわりのネタ108
日本一のお笑い教師・中村健一先生の，年間，日，授業，6年間の学校におけるはじめとおわりを充実させるとっておきの108のネタ。

中村健一著　　　　　　　　　　　　　　　　B5判・62頁　1650円
クラスを「つなげる」ミニゲーム集 BEST55＋α
クラスをたちまち1つにし，先生の指示に従うこと，ルールを守ることを子どもたちに学ばせる，最高に楽しくておもしろい，今どきの子どもたちに大好評のゲーム55種を厳選。2色刷。

蔵満逸司著　　　　　　　　　　　　　　　　B5判・92頁　1800円
見やすくきれいな小学生の教科別ノート指導
見やすくきれいなノートにすれば，思考力を豊かにし，記憶力を高め，学習意欲が高まる。全教科のノートの書き方・使い方を，実際のノート例をもとに紹介。筆記具など文房具の選び方もアドバイス。

蔵満逸司著　　　　　　　　　　　　　　　　B5判・102頁　2000円
子どもも保護者も愛読者にする小学校1・2・3年の楽しい学級通信のアイデア48
子どもとの距離が近づく学級通信の，作成手順や具体例，コピーして使えるワークシートを掲載。保護者が気になる低学年ならではのネタも紹介。

島田幸夫・中村健一編著　　　　　　　　　　B5判・79頁　1800円
コピーして使える授業を盛り上げる教科別ワークシート集（低学年）
小学校低学年の授業の導入や学級づくりに役立つ，著者の教育技術の全てをつぎ込んだ楽しいワークシート集。「エライ！　シール」1シート付き。

表示価格は本体価格です。別途消費税がかかります。